大阪が日本を救う

石川智久

日経プレミアシリーズ

はじめに　なぜ大阪は注目されるのか

2025年の希望　オリンピックよりも大きい経済効果

新型コロナウイルス（以下、新型コロナ）の世界的な感染拡大を受け、東京オリンピック・パラリンピック（以下、東京オリパラ）の1年延期が決まった。この1年延期が良い方向に転がることを期待したいが、まだワクチンが開発されておらず、ハーバード大学が2022年頃まで移動制限と解除を繰り返すと予測しているなか、楽観はできない。

一方、人類とウイルスの闘いの歴史をみると、数年経てば人類は勝利するか、ウイルスも人類と共存可能なものへ進化しているので過度な悲観も禁物だろう。当面厳しい状況が続くが、4~5年後には対応ができ、新しい時代を迎えられていると考えられる。

2025年には、大阪・関西万博（2025年日本国際博覧会）がある。多くの読者は万博と聞いてもあまりイメージが湧かないと思うが、万博は半年間開催のグローバル規模のお祭りであり、人によっては地上最大のイベントと言う。実際、オリンピックが約1000万人、サッカーワールドカップが数百万人の集客数であるのに対し、1970年の大阪万博は6000万人以上。2025年も約2800万人の来場者を見込んでいる。

経済効果も建設を除く部分では1・5兆円と、オリンピックより大きい。そういう意味では地上最大というのはあながち「誇張」ではない。さらに、カジノ付きのリゾートである統合型リゾート、いわゆるIRも大阪が有力な候補地となっている。これも1兆円近い投資が見込まれるほか、万博開催とほぼ同時期の開業も見込まれている。つまり、オリンピック後はこれまで長い眠りのなかにいた大阪の時代がやってくるのだ。

私は現在、日本総合研究所（以下、日本総研）で世界経済と関西経済の両方を分析・研究している。世界経済はこれまで好調であったが、新興国が高齢化社会に入るなか、これまでのようには成長しにくくなっている。一方、大阪・関西は、本書でも記述するが、日本全体に占めるGDPの割合がずっと低下傾向にあるなど、これまでは厳しい時代であったが、今は万博や再開発計画が目白押しであり、逆に面白い時代に入った。

確かに低迷を続けた関西経済に対して、先行きに自信を持っている人は少ない。しかしながら、関西の逆襲を感じさせる「事件」があった。私が勤務する日本総研は東京のメディアを集めてしばしば記者勉強会を開催しているが、テーマは世界経済、社会保障、就職氷河期など多岐にわたる。２０１９年の春、「大阪」をテーマとしたメディア向け勉強会を東京で開催し、おかげ様でかなり前向きな反応を得た。

断っておくが、私はここで自慢話をしたいのではない。どうやら先見の明がある人は大阪・関西がこれから「来る」と感じているようだ、ということだ。

例えば、前述の勉強会でお会いした記者は「確かに大阪・関西に出張すると関西人が元気だと感じる」「都心に近い広大な空き地が万博などで変われば、豊洲が開発されたときのように、経済が元気になるのもわかる」「もともと理系が強い地域であるが、特に最近のノーベル賞日本人受賞者は関西にゆかりのある人が多く、イノベーションの観点から関西は無視できない」と発言している。

実際、本書はこの勉強会をきっかけに話が進んだものである。また、私の尊敬する、とあるベンチャー起業家が、ある日突然電話をかけてきて、大阪のことを根掘り葉掘り聞いてきた。この起業家は多くのスタートアップを育ててきた、先を見通す力がある方だ。彼曰く、「これからのイノベーションには人口が多い地域で、かつ様々な実証実験を行うため広大な空き地が必要となる。そういった意味で、万博会場となる夢洲《ゆめしま》は、大阪の都心に近いうえ、とても広い空き地だ。万博とコラボしてMaaS（モビリティ・アズ・ア・サービス）やスマートシティ関係の実証実験をしたい」と力説していた。彼が乗り気なところをみて、私は大阪・関西の時代が到来すると確信した。

大阪と京都で10倍異なる外食の値段

東京からみる大阪はどんな姿であろうか。きっと「面白い人が多く、おしゃべり」「たこ焼きが名物」「おばちゃんたちが面白い」「反社会的勢力が多い」といったものではないか。そして、おそらく京都の方が良いイメージだろう。しかし、大阪に7年いた人間からすれば、それは一面的にすぎないと断言できる。

私の印象では、「面白い人『も』いるが真面目な人もちゃんといる」「テレビで示される大阪のおばちゃんは全体の1割くらいで、9割は他の地域の人よりも人懐っこいが、あれほど

東京人が知らない都会的な大阪

極端な人はいない」「たこ焼きも一種のソウルフードであるが、大阪は和食の発祥の地であって、会席料理といった高級料理も存在している」「怖い人もいるが、東京よりも著しく多いわけではない」……というものだ。

つまり、大阪は必要以上に滑稽で、恐ろしく、庶民的な存在にされている。確かに諧謔を好み、社会に適応できない人に対してもそれなりの居場所があり、庶民性もあることはある。

ミナミの繁華街などは東南アジアの活気を感じる。ただそれが当然ながら全てではなく、高級から庶民派まで受け入れる懐が深い都市というのが正直なところだ。写真は大阪駅前のビル街であるが、東京在住の多くの人は大阪とは思わないかもしれない。

東京は地方に対してレッテルを貼りがちだ。その例が上記の「反社会的勢力が多い」の類だろう。特に東京一極集中が進むなか、その傾向が強まっている。

シンクタンクの研究員として、これは由々しき問題と思っている。つまり、地方への不当なレッテル貼りが地方のブランドイメージを下げ、東京への過剰評価につながり、それが本当に東京の力を高めてしまうのだ。確かに東京では高賃金の仕事も多く、エンターテインメントも充実しており、東京にあこがれる理由はたくさんある。しかし、全てが東京に集まっては全く国益にならない。その悪循環の一番わかりやすい例が大阪になっている。

数年前、『京都ぎらい』（朝日新書）で話題になった国際日本文化研究センター所長の井上章一氏が『大阪的――「おもろいおばはん」はこうしてつくられた』（幻冬舎新書）という本を出され、そこでは「大阪は不当なレッテルを貼られ、東京の道化となってしまっている」と喝破していたが、そのとおりである。一方で、このレッテル効果には地域差がある。

今、大阪の外食業界で問題になっているのは、「京都に来た観光客は数万円かかる会席料理を食べるのに、大阪では数百円のたこ焼きしか食べない」である。東京は京都にはブランド、大阪にはレッテルを貼り付ける。そのせいで同じ関西なのに外食の単価が10倍違ってしまう。

なぜ大阪は「復活」するのか

ところが時代も変わりつつある。大阪に復活の胎動がみられるのだ。確かに、ここで胎動と書いているとおり、まだ初期段階であり、東京の人からみればまだまだのレベルだ。しかし、インバウンド拡大をきっかけに雰囲気は変わった。

万博をはじめ、大阪が誘致したかったものが全て２０２５年前後までに整備される予定だ。政府が成長戦略に盛り込んだカジノ付き統合型リゾートであるＩＲの最有力候補は大阪である。ＩＲのメリットについては後述するが、海外ではカジノは富裕者層向けのコンテンツであり、日本の観光を一気に変える可能性があるイベントだ。次の時代を作るスタートアップ企業についても、大阪は京都・神戸と組んで、内閣府の「スタートアップ・エコシステム拠点都市」に選出された。

また、「東京と大阪は違いすぎるのでミニ東京になるのではなく、自分たちの強みを生かして、アジアに輝く都市となろう」といった、自分たちを客観視しつつも夢を語れるようにもなってきた。

新型コロナに対しても、大阪・関西は前向きに動いていると感じる。まず、ワクチン研究で大阪府は府内の大学や病院の運営法人と連携協定を結んでいる。大阪大学発の製薬ベンチャー「アンジェス」という有力な企業もあり、大阪が新型コロナから世界を救うかもしれない。2020年6月30日に国内初のワクチン治験を開始している。大阪を含む関西地域は、日本の医療分野を引っ張っていく地域なので、本書のなかで詳しく説明したい。

万博のテーマは「いのち輝く未来社会のデザイン」だ。感染症という人類共通の難題への対応について、万博が答えを出す可能性も高まっている。さらに今回の万博は来場者数2800万人を想定しているが、同時にインターネットを通じて世界80億人の参加も目指している。

結果論であるが、新型コロナで様々なものがリモート参加型となるなか、それを先取りした設計になりつつあるのだ。ニュースなどをみても新型コロナについて、「新型コロナウイルス助け合い基金」など、大阪が繰り出す対応に注目が集まっている。心なしか、東京のメディアも大阪に好意的だ。

足元で壊滅的な状況となっているインバウンドについても当面は厳しい状況に置かれるのは否定できない。また、復活にあたっては新たな取り組みが必要であるのも事実だ。しかし、本書のなかでも触れるが、新たなインバウンドを作っていけば、過度な悲観は無用だ。中国人を対象としたアンケートをみても、新型コロナ終息後に行きたい国として日本は上位であり、大阪人気も根強い。

新型コロナが落ち着けば、再びインバウンドが盛り上がるはずだ。実際、ヨーロッパなどでは、入国者に検査を義務付けることで徐々にインバウンドを解禁しはじめた。また、インバウンド制限緩和の前に、政府の国内旅行拡大キャンペーンである「Go Toキャンペーン」に刺激された国内旅行のブームが来ることも予想される。

実際、観光業界の方に話を聞くと、新型コロナが本格的に鎮静化するまでは海外旅行は先送りして、その間は国内で豪勢な旅行をしたいという人が多いとのことである。大阪・関西に10年以上来訪されていない方も多いと思うが、この10年間で大阪・関西の観光地はかなり洗練されているので、久しぶりに来訪すればその変容に驚くはずだ。

大阪から考える日本の未来

さて、本書の構成を解説しよう。

第1章では、大阪・関西経済の現状について概観を述べる。いわば大阪・関西を知るための基本的な知識を整理する。第2章では大阪・関西の「たこ焼き」だけではない魅力について言及したい。また、読者のなかには同じ関西でも、京都と大阪ではかなり違うイメージを持っている方も多いと思われるが、その違いがどうして生まれたのかも説明する。

第3章では、西成地区の改革、世界遺産、夢洲の開発など、大阪のイメージアップにつながりそうな動きを紹介する。第4章では万博・IRがいかに経済効果が大きいイベントであるのか、どれほどのビジネスチャンスがあるのかを本書を読まれた方に紹介する。世紀の大イベントであった1970年万博から何を学ぶ必要があるのかも示したい。

第5章では関西のスタートアップの元気の良さを解説する。まだスタートアップについては東京一極集中であるが、大阪をはじめ、神戸・京都からたくさんの有望なスタートアップが生まれている。その熱気を少しでもお伝えしたい。

第6章では大阪から考える日本の未来について述べたい。インバウンドの将来像のほか、11月に住民投票が行われる予定の大阪都構想から地方自治の在り方について筆者の考えを述べたい。ある意味、大阪都構想は令和時代の地方自治の実験である。そういった意味では大阪に住んでおられない方にとっても有意義な情報提供ができるのではないかと考えている。

本書を通じて、大阪、そして関西のポテンシャルと、それが令和の日本に与えるインパクトについて多くの方が気づくきっかけになるとうれしい。

目次

第2章 大阪は「たこ焼き」だけではない 53

第3章 イメージ刷新！ 世界の「OSAKA」への道

第4章　万博で何が変わるのか　121

第5章 なぜ関西の中小企業は「勢い」があるのか

第6章 大阪をみれば日本の未来がみえる

第1章

あなたの知らない大阪社会

東京よりも人口が多かった「大大阪時代」

まずこの章では、簡単に関西の歴史を振り返りつつ、読者が知らない大阪・関西を紹介したい。人口から大阪を俯瞰してみよう。そうすると意外な歴史があることに気づく。

2019年10月1日現在の人口推計によると、東京都の人口は約1390万人である一方、大阪府は約880万人だ。東京都が人口最大都市というのはもう我々にとって常識になっている。新型コロナが拡大するなかでも人口増の傾向が続いている。東京オリパラ後も東京では再開発案件が目白押しであり、なかなか東京一極集中が是正されない。

しかし、この常識はごく最近のものであるということをご存じだろうか。実は1925（大正14）年には大阪は日本で最大の人口を誇る都市であった。明治維新後、都が京都から東京に移り、関西はいったん活気がなくなった。大阪では多くの商人が没落し、京都も御所の周りがかなり寂しくなった。当時の京都は人ではなく狐狸が住む里と言われたほどだ。普通であればそのまま衰退していくのであるが、関西人はしぶとい。その後、富国強兵などの動きのなかで、大阪の商工業は復活に転じる。

そうしていると逆に住宅不足などの問題も大きくなるなか、大阪市は市街地とその周辺の開発を計画的に進めるため、１９２５年に周辺の町村と合併した。その結果、人口・面積で日本一、人口では世界第6位の大都市となった。『大阪市統計書第26回（昭和2年）』には、世界で最も人口の多い都市はニューヨーク（５９７万人）、以下、第2位ロンドン（４５５万人）、第3位ベルリン（４０３万人）、第4位シカゴ（３１０万人）、第5位パリ（２９０万人）、第6位大阪（２２５万９９００人）と記述されている。同年の東京市の人口は２１４万３２００人であった。そのため、その当時の大阪市は大きい大阪、つまり「大大《だいおお》阪《さか》」と呼ばれた。１９３５年頃には「政治の東京、経済の大阪」とも呼ばれたようだ。

もちろん、周りの市町村合併の成果でもあるし、関東大震災（１９２３年）によって多くの人々が大阪に移ってきたということも指摘する必要はあるだろう。

例えばシャープ創業者の早川徳次が良い例だ。彼は苦労して東京で立ち上げた会社が成長軌道に乗り始めたとき、関東大震災に直面した。妻と二人の子どもを亡くし、財産も失った。早川はこうした逆境にも負けず、心機一転、大阪に移り住んで会社を設立した。それがシャープである。つまり、シャープは大阪企業であるが、創始者は東京人であり、こうした話は珍しくない。ちなみに、大阪には企業家ミュージアムという大阪にゆかりのある企業家に関する資料を集めた博物館があるが、大阪以外の出身者が意外と多いことに驚かされる。

　大大阪時代は遠い昔であるので、最近の大阪人にもよく知らない人が増えている。しかしながら、大阪検定といったご当地検定や、万博を機に地元の歴史に興味を持つ人も増えており、少しずつであるが、大大阪への関心も高まっている。また、新型コロナで最近言及されることが多いスペイン風邪は１９１８～19年に流行しており、経済学や歴史学ではスペイン風邪の流行から大恐慌にかけての時期を分析することが増えている。これは大大阪時代前後の話であり、今後、大大阪への世間の関心も高くなるであろう。

大阪の地盤沈下はなぜ止まったか

　そんな大阪の経済であるが、地盤沈下と言われてから久しい。『大阪の教科書』（創元社）によれば、１９５２年に当時の大阪商工会議所会頭の杉道助氏が年頭挨拶で「近年、大阪経済の地盤沈下の傾向が目立ってきた。この際、真剣に大阪経済の振興を図ることが緊要である」という話をしたのが公式の場で初めて語られたものらしい。正月早々お屠蘇気分が吹き飛ぶ暗い話をしたのだが、それが60年以上も続いているのだ。

大大阪を取り上げると、「昔は良かった、過去の栄光」という話で終わりがちなのだが、最近どうやら、大阪の地盤沈下も止まったらしい。人口の動き（住民基本台帳人口移動報告）をみると、三大都市圏のうち、大阪圏、名古屋圏ともに人口は転出超過であるが、2019年の実績では関西の転出規模が名古屋圏を下回った（図表1−1）。東日本大震災の一時的な影響である2011年頃を除くと、1972年以来、なんと47年ぶりの逆転劇だ。注目すべき点としては大阪圏の転出超過数は足元で急激にマイナス幅を減らしており、この調子で行けば2020年にも転入超過を達成できそうだ。

この構造変化の背景には、関西と東海の力関係といった小さい話ではなく、産業構造という大きな話がある。先のいざなみ景気（2002年2月〜08年2月）では製造業を起点とした人口の移動が目立った。自動車や電機の大手が新工場を建設し、期間従業員や派遣労働者が全国から集まった。結果として関西、東海ともに同期間の人口移動は好調であった。

最近の傾向として、製造業の人口の吸引力は明らかに落ちている。その大きな要因は生産の自動化にあろう。ロボットなどの導入が進み、現場で必要な人手は大きく減っている。私

図表1-1　大阪圏の転出超に変化の兆し

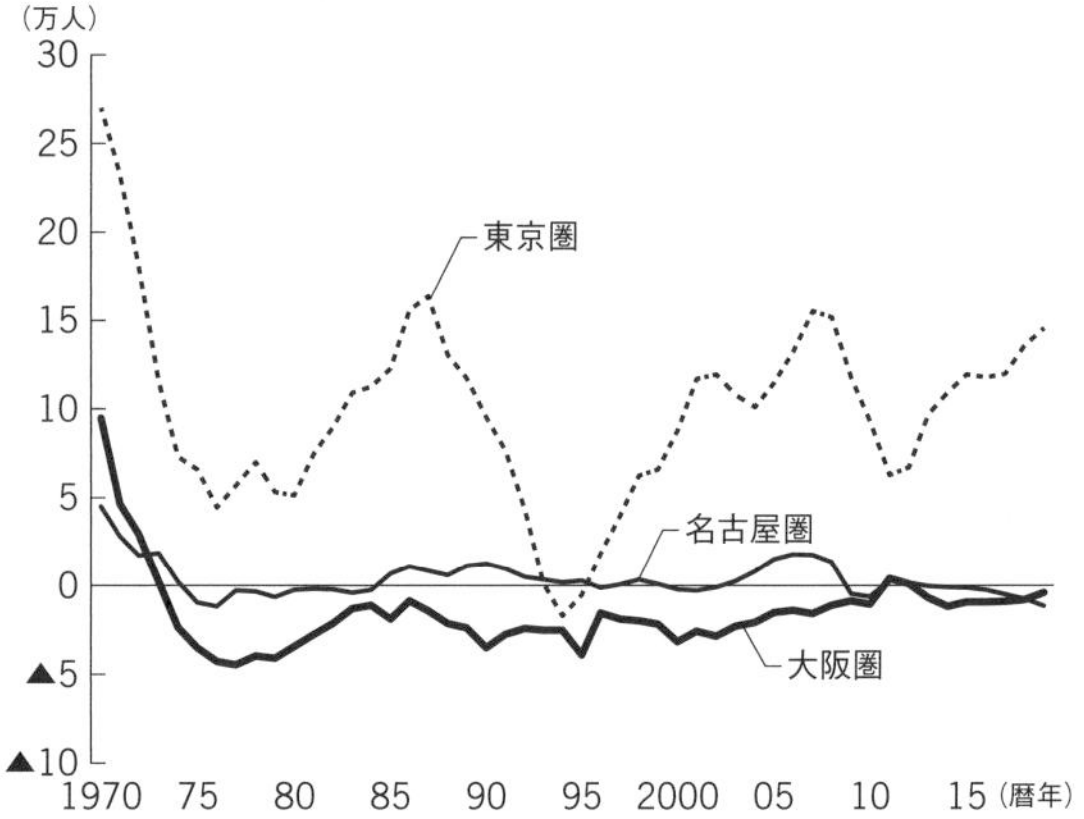

(出所) 総務省統計局「住民基本台帳人口移動報告」
(注) 日本人移動者ベース

もエコノミストという仕事柄、製造業などにいろいろヒアリングするのであるが、最近の工場は50億円くらいかけて投資をしても雇用は数十人というケースが多い。無人工場などもみられるなか、工業の雇用創出力は大きく減っている。

その間、関西ではインバウンド（訪日旅行客）市場が急激に拡大した。それに伴い、小売や宿泊などサービス関連の雇用が増え、人口移動の改善も進んだ。製造業は雇用創出力が小さくなっているが、サービス業はやはり接客が必要なこともあり、雇用創出力は高いままだ。

いざなみ景気から今回の景気に移るな

か、人口移動を生む源泉も製造業からサービス業に変化している。確かに新型コロナによって、インバウンドは急減したが、消えない魅力もある。例えば、食だ。食という魅力は、現地に行かなければ体験できない。ネットでは伝わりにくい強みを持つ関西は、ただみるだけの観光地よりも有利だ。

２０２５年の万博開催が近づくにつれ、建設人材の関西への移動も進むことになるだろう。本書で後述する統合型リゾート（ＩＲ）も雇用を拡大させる要因だ。後述するが、ＩＲというと雇用はカジノディーラーしか生まれないと思っている人も多いが、実はカジノはＩＲ全体の面積の３％であり、残りの97％はホテル、デパート、会議場、テーマパークなどだ。

つまりほとんどがリゾート施設であり、それに関連する雇用が増えるのだ。実際、私が勤めている日本総研では、ＩＲによって、小売、飲食、人材派遣、警備、清掃など、ほぼ全てのサービス業の雇用が増えるとみている。大阪府ではＩＲ開業によって、近畿全体の波及効果まで考えると雇用は８・８万人増えると試算しているが、十分実現可能な数字である。

新型コロナで集客ビジネスの大転換が予想されるなか、今から作られる日本のＩＲはアフターコロナ時代のサービス業のモデルを示していく。実際、私がお会いするＩＲ関係者はその方向で考え始めている。具体的には一般の顧客はネットを中心としつつ、来場者数は絞り込むが、一層高付加価値なサービスを提供する方向でビジネスモデルを変革中だ。さらに、ＩＲは外国人向けサービスやディーラーや富裕層向け接客など新たな雇用を生むだろう。そして彼らがその分野のパイオニアになることも予想される。

最近、大阪ではＩＲビジネス向けの専門学校も開業することとなっている。日本でも観光の専門学校はあるが、富裕層向けのサービス業に特化した教育機関は少ない。もちろん、老舗旅館などで実地で教え込まれることはあるが、体系的に学べるところにまでは至っていない。

これまでの薄利多売モデルとは違うので、新しいスタイルの観光業や観光人材育成のプログラムが求められている。海外では観光学部やホテル学部は人気学科だ。サービス業に強い学校が増えれば、若年層の流入や定着が増える可能性がある。また、夢洲開発を進める建設会社、イベントの企画などを行う企業において「関西プロジェクト室」「万博プロジェクト室」というものを大阪支社や大阪本店に設置することが増えている。こうした動きが加速している理由は、万博やＩＲが巨大プロジェクトであり、各社とも一つの部では対応できないため、複数の部が連携した部門横断的なチームを作らないと対応しきれないからである。こうしたことも関西経済を押し上げていくはずだ。

関東でも必ず活躍する関西トップ営業職

人材面の話について、話を関西に広げて少し書きたい。私が大阪勤務の時代に、人事関係者から聞いた話がある。それは「良い人材はどこでも取り合いとなるが、関西だと比較的すんなり探せる」「関西で優秀な営業職は関東でも活躍するが、逆は必ずしもそうではない」「東京のベンチャー企業社会には関西弁をしゃべる人が多い（関西出身が多い）」といった話である。

確かに関西にいると、お客さんにもまれることがある。東京よりも飛び込み営業がしやすいため、アポなしでお客さんに飛び込む営業職はいまだに多い。東京だと営業職が多いので、分業的であるし、本部からのサポートも受けられるが、地方だと、複数の業務を一人でせねばならず、本部からのサポートもやや減りがちなので自分で考えないと営業できないというのもあるだろう。

また、お客さんも面倒見がいい人が多く、おしゃべりな人がいろいろ教えてくれるので、磨かれる。某大手人材派遣会社のマネジャーに聞くと、関西の人材は非常に優秀であっても、大きすぎない都会で仕事も遊びも楽しめるため、大学や就職の際に地元を離れたがらない。そのため、驚くほど優秀な人材が来てくれるらしい。

また某生命保険会社の方に聞くと、生命保険業は女性の活躍にかなり支えられている業界であるが、関西は女子大が多く、関西勤務希望の女性が多いので、人材確保の面でかなり重要な地域とのことである。人手不足で悩んでいる企業の人事担当者の方が読んでおられたら、ぜひとも関西での採用を強化することをお勧めしたい。

一般社員だけではない。関西出身の経営者にも注目したい。古い調査になるが、ダイヤモンド社と東京商工リサーチ調査（週刊ダイヤモンド2017年5月20日号）の、経営者の出身地×出身大学別にみた企業の売り上げランキングは、大阪出身×東京大学卒がトップ、兵庫出身×東大卒の社長が3位、兵庫出身×京都大学卒が4位、大阪出身×京大卒が5位、大阪出身×大阪大学卒が6位と関西出身者のパワーが顕著となっている（2位は東京出身×東大卒）。

なぜそのようなことになるのか？　様々な可能性が考えられるが、教育基盤が良いことがあげられるのかもしれない。18歳の人口1万人当たりの旧7帝大（北海道大学、東北大学、東大、名古屋大学、京大、阪大、九州大学）の合格者数は、2017年入試で近畿地方は214人で、89人だった関東地方の2・4倍に上る。また、4年制大学進学率トップは東京、3位神奈川、4位広島であるが、2位は京都、5位は兵庫、6位は大阪であり、日本の大学人材は京都、大阪、兵庫からかなり輩出されている。

さらに、地域の教育水準を表す指標でもある「都道府県民一人当たりの国立大学運営交付金」も、関西全体でみると関東と比べて高い。特に京都府の場合、東京都の2倍となっている。

東京における「関西人力」

それでは、東京では「関西人力」はどのように発揮されているのであろうか。東京には、関西支社から転勤してくる人が多くいる。さらに、東京の人間であるが、関西に転勤経験があり、関西におけるネットワークを持っている人も珍しくない。その結果、東京には関西人や関西シンパがかなり多い。

一つの事例を紹介しよう。関西には関西経済連合会、関西経済同友会、大阪商工会議所といった経済団体がある。そこには関西の企業人が集っているのだが、その企業人には関西企業の経営企画部や秘書室などの中堅社員のスタッフがつく。もちろん東京でも同様のものがあるが、東京では企業が多すぎて、スタッフの集まりは業界ごとやテーマごとになりがちである。

ところが関西では東京ほど企業があるわけではないので、業種横断的になる。財界のスタッフ活動はローテーションがあるので2～3年で交代となるが、彼らの縁は途切れない。そして彼らの多くは東京にも転勤する。その結果、関西企業のネットワークは東京でも生き続けることとなるのだ。

東京の企業人は専門性・能力に力点を置く一方、関西の企業人はネットワークに重きを置く傾向が強い。またこのネットワークも、関西の方が地方である分、濃い人間関係を構築している。東京人力と関西人力が掛け算されれば、最強の企業・組織になるはずだ。

東大の首都圏大学化、京大の全国大学化

大学入試にも関東と関西で違った面白い動きがある。大学通信によると、東大は地元の首都圏（東京、埼玉、千葉、神奈川）の合格者に占める割合が２００９年度入試の43・３％から２０１９年度は55・８％にアップしている。２０２０年度は少し低下したようだが、依然として東京及び関東出身者が６割弱を占めている。

２０２０年度入試の東大合格者数トップ20校の顔ぶれをみてみよう（図表１−２）。圧倒的に首都圏、しかも中高一貫校が多いことがわかる。公立は東京都立日比谷と埼玉県立浦和の２校だけだ。首都圏以外の学校は、灘、西大和学園など、少数だ。男女別学校が多いのも特徴で、共学の学校は渋谷教育学園幕張、渋谷など、こちらも少数にすぎない。

地方からの合格者が少ないのは、地方からの志願者が少ないためだ。特に理系で東大を目指せる優秀な層が、地元の国公立大医学部医学科にシフトしていることが大きい。ほぼ全員が医学部医学科へ進学する理科三類だけでなく、工学部進学が多い理科一類、農学部・理学部進学が多い二類の受験をやめて地元国公立大の医学部を目指す受験生も増えている。親が

図表1-2　首都圏高校は東大に強い

順位	高校名
1	開成高等学校
2	筑波大学附属駒場高等学校
3	桜蔭高等学校
4	灘高等学校
5	渋谷教育学園幕張高等学校
6	駒場東邦高等学校
6	麻布高等学校
8	聖光学院高等学校
9	海城高等学校
10	栄光学園高等学校
11	西大和学園高等学校
12	ラ・サール高等学校
13	東京都立日比谷高等学校
14	浅野高等学校
15	筑波大学附属高等学校
16	渋谷教育学園渋谷高等学校
17	甲陽学院高等学校
17	埼玉県立浦和高等学校
17	女子学院高等学校
20	久留米大学附設高等学校

（出所）インターエデュ・ドットコム（https://www.inter-edu.com/univ/2020/jisseki/todai/ranking/）
（注）色付きは首都圏の高校

医師として地元に帰ってくることを期待して、後押ししている側面もある。

一方で、首都圏大学化する東大と異なり、全国大学化するのは京大だ。京大は関西圏（滋賀、京都、大阪、兵庫、奈良、和歌山）出身者の占有率が2010年度の54・4％から2020年度は50・6％に下がっている。これにはいくつか要因がある。

一つは理系的な研究力である。大学の研究力をわかりやすく表しているのはノーベル賞の受賞者数だが、昨年は工学部石油化学科出身の吉野彰氏がノーベル化学賞を受賞し、京大出身者のノーベル賞受賞は2年連続となった。文学賞・平和賞を除く理系分野の京大出身者のノーベル賞受賞者は東大と並ぶ8人だ。教鞭を執ったなど、京大とゆかりがある人を加えると11人だ。

京大は学部・学科を指定して受験できるため、最初から何を学びたいかが決まっている受験生にとっては、京大の方が早くから専門教育を受けることができるという利点がある。なお、京大は転部が意外としやすい大学だ。私の友人も総合人間学部から法学部、文系学部から理系学部に転じている。

意外なことに、首都圏からの合格者が増えている。２０１０年度入試の首都圏からの合格者の割合は全体の6・7％だったが、２０２０年度は12・9％まで上昇している。首都圏で最も京大合格者が多かったのは東京都立西で21人であるが、同校は東大合格が20人なので、東京の高校なのに東大よりも京大の合格者数が多くなっている。同じく都立の国立《くにたち》も東大・京大が同数の16人だ。東京人が若いうちから東京の外を知り、東京以外の人々から刺激を受ける流れが加速してほしい。

世界ランキングで上位を占める大阪

さて話を大阪に戻す。海外で大阪はかなり評価されている。例えば、米国の大手旅行雑誌「コンデナスト・トラベラー」が、毎年秋に発表する読者投票ランキングをみてみよう（図表1−3）。２０１９年度は「世界で最も魅力的な大都市ランキング」で、１位に東京、２位に京都、５位に大阪が入った。

日本の３都市が同時にベスト10に入るのは初めてであるが、特に大阪が昨年の12位から大きく順位を上げている（東京・京都は昨年と同順位）。評価のポイントは京都が「深く息づく伝統のなかに新たな文化が生まれている点」、大阪が「その土地ならではの食の魅力や熱狂的な野球文化」となっており、魅力の特徴がとても明確である。

また、エコノミスト誌の「世界で最も住みやすい都市ランキング２０１９」では大阪が世界第４位（東京は７位）、「世界の都市の安全性ランキング２０１９」では東京が世界１位で大阪は３位だ。日本人からすると大阪の治安については良いとは言い難いと思うが、世界でみれば安全で住みやすい都市なのである。

図表1-3　世界では高評価のOSAKA（全て2019年のランキング）

世界で最も魅力的な大都市ランキング

順位	都市
1	東京（日本）
2	京都（日本）
3	シンガポール（シンガポール）
4	ウィーン（オーストリア）
5	大阪（日本）
6	コペンハーゲン（デンマーク）
7	アムステルダム（オランダ）
8	バルセロナ（スペイン）
9	台北（台湾）
10	シドニー（オーストラリア）

（出所）コンデナスト・トラベラー

世界で最も住みやすい都市ランキング

順位	都市
1	ウィーン（オーストリア）
2	メルボルン（オーストラリア）
3	シドニー（オーストラリア）
4	大阪（日本）
5	カルガリー（カナダ）
6	バンクーバー（カナダ）
7	東京（日本）
8	トロント（カナダ）
9	コペンハーゲン（デンマーク）
10	アデレード（オーストラリア）

（出所）The Economist Inteligence Unit

世界の都市の安全性ランキング

順位	都市
1	東京（日本）
2	シンガポール（シンガポール）
3	大阪（日本）
4	アムステルダム（オランダ）
5	シドニー（オーストラリア）
6	トロント（カナダ）
7	ワシントンD.C.（米国）
8	コペンハーゲン（デンマーク）
9	ソウル（韓国）
10	メルボルン（オーストラリア）

（出所）The Economist Inteligence Unit

世界都市活力ランキング

順位	都市
1	大阪（日本）
2	アテネ（ギリシャ）
3	ブダペスト（ハンガリー）
4	福岡（日本）
5	アムステルダム（オランダ）

（出所）JLL「2019年版シティモメンタムインデックス」商業用不動産のモメンタム

さらに、米国総合不動産サービスのＪＬＬ（ジョーンズラングラサール）が、２０１９年4月に発表した「世界都市活力ランキング」によると、ホテルやオフィスなどの商業用不動産のカテゴリーの勢いにおいて、大阪は世界１３１都市中、堂々の1位にランキングされた（1位：大阪、2位：アテネ、3位：ブタペスト、4位：福岡、5位：アムステルダム）。大阪の底堅いオフィス需要や２０２５年万博開催決定によるインフラ整備、再開発の増加に対する世界の期待は大きいといえる。つまり、当面有望な不動産市場は中国でもインドでもアフリカでもなく、大阪が世界トップだといっているのだ。

また、少し古くなるが、ニューヨーク・タイムズ紙が選ぶ「２０１７年行くべき世界の場所52」に大阪が選ばれた。ここでは「京都が日本の精神であり、東京が日本の中心であるならば、大阪は食を楽しむ街である。ミシュランの星を持っているレストランも91ある」として紹介されている。

国内ではどうか。森記念財団都市戦略研究所の「日本都市特性評価２０１９」によると、東京を除く72都市では大阪はカッコいい都市の代表である横浜よりも上の全国第3位だ。順位は幅を持ってみるべきであるが、同研究所は指標化してきちんと分析しており、大阪の都

図表1-4　国内では厳しい評価の「大阪」

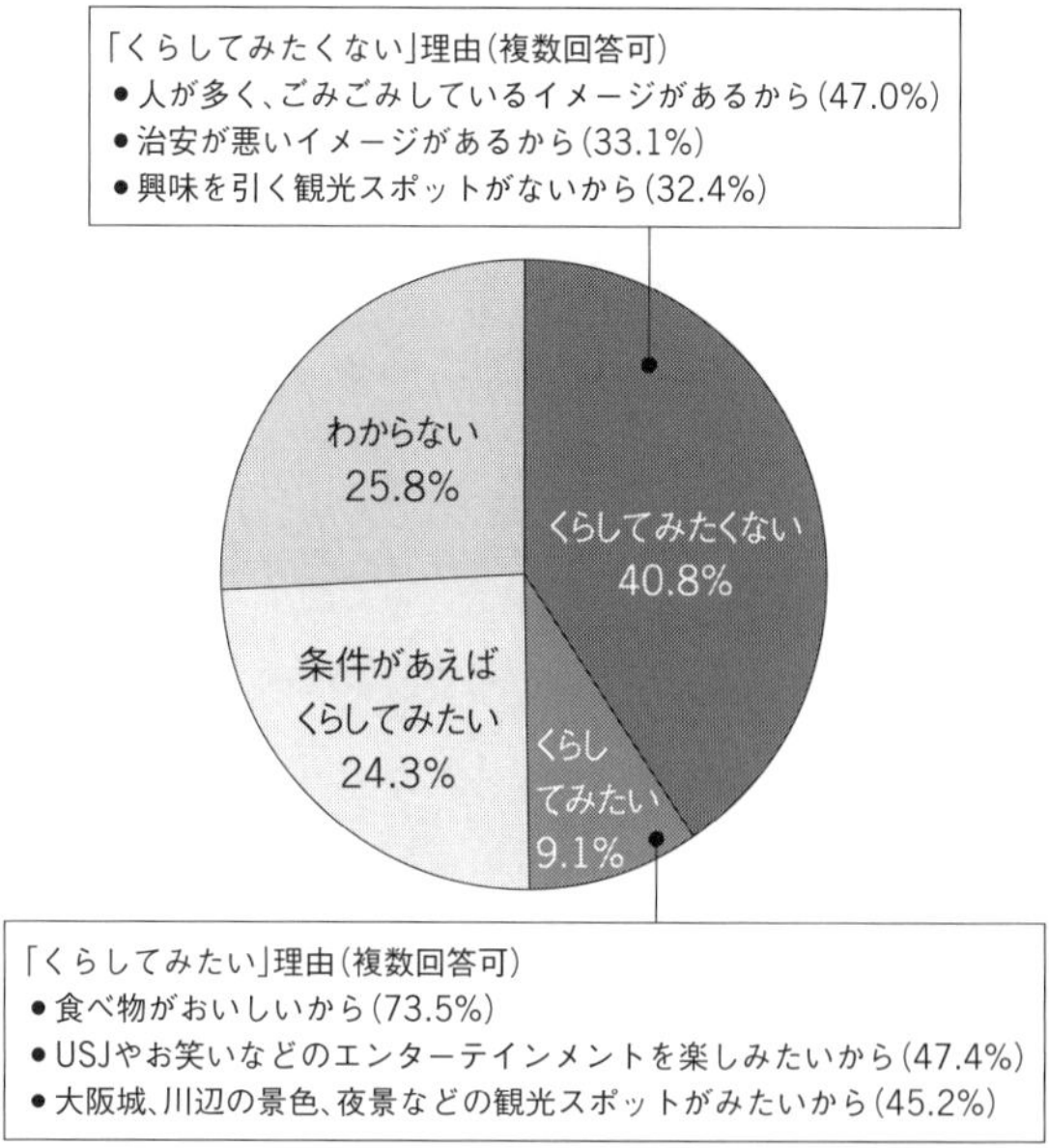
「くらしてみたくない」理由（複数回答可）
●人が多く、ごみごみしているイメージがあるから（47.0%）
●治安が悪いイメージがあるから（33.1%）
●興味を引く観光スポットがないから（32.4%）
わからない
25.8%
くらしてみたくない
40.8%
条件があえば
くらしてみたい
24.3%
くらし
てみたい
9.1%
「くらしてみたい」理由（複数回答可）
●食べ物がおいしいから（73.5%）
●USJやお笑いなどのエンターテインメントを楽しみたいから（47.4%）
●大阪城、川辺の景色、夜景などの観光スポットがみたいから（45.2%）

（出所）大阪府「将来ビジョン・大阪」に係る調査結果より筆者作成

市力は高いといっていいだろう。私が新型コロナ終息後の大阪・関西に自信を持っているのも、こうした実力という裏付けがあるからだ。

ところが、大阪には風評被害がある。2018年に実施された「将来ビジョン・大阪」に係る調査結果（全国1000人に調査）をみると（図表1―4）、「くらしてみたくない」が40・8%となっている。「くらしてみたい」の9・1％、「条件があえばくらしてみたい」の24・3％を足したものよりも大幅に高くなっている。

なぜ、世界と都市分析のプロが評価する大阪に、日本人は住みたくないのか。その理由は①人が多く、ごみごみしているイメージがあるから（47・0％）、②治安が悪いイメージがあるから（33・1％）とのことだ。

では実際に住んでいる人はどう評価しているのか？　ブランド総合研究所による、「定住意欲度（今後も住み続けたいか）ランキング」によると（図表1-5）、1位の北海道、2位の福岡県に続いて、3位が大阪府、6位が京都府、7位が兵庫県と上位を占めている。ちなみに東京都は9位だ。

つまり、世界と関西人は関西を高く評価し、住んだこともない日本の非関西人はネガティブな評価をしている。関西、とりわけ大阪はどうやら真剣にイメージ戦略をしていく必要がある。

図表1-5 住めば都! 大阪!
(定住意欲度ランキング)

順位	都道府県	点数
1	北海道	84.2
2	福岡県	80.6
3	大阪府	78.3
4	沖縄県	78.0
5	神奈川県	77.8
6	京都府	77.5
7	兵庫県	77.4
8	愛知県	77.3
9	東京都	76.9
10	宮崎県	76.8
11	宮城県	76.2
11	高知県	76.2
11	静岡県	76.2
14	岡山県	75.6
15	石川県	75.3
16	三重県	74.9
17	広島県	74.5
18	奈良県	74.4
19	愛媛県	74.1
20	熊本県	73.8
21	鹿児島県	73.6
22	滋賀県	73.5
23	長野県	73.3
24	長崎県	72.7

(出所) ブランド総合研究所「地域版SDGs調査」(https://diamond.jp/articles/-/224056?page=2)

なぜ高島屋の売上日本一は大阪なのか

さて、以上述べたように世界ランキングが上昇している大阪であるが、それを象徴するような出来事が2018年2月期の高島屋決算であった。大阪店が日本橋店を抜いて国内17店舗でトップになったのだ。なんと66年ぶりらしい。そしてその傾向は2019年2月期、2020年2月期も持続した。

なぜこのようなことが起きたのか。その理由はインバウンドだ。新型コロナ前までのインバウンド事情については後述するが、中国の人々の買い物人気は衰えていなかった。新型コロナ終息後もその傾向が続くか疑問に思う声もあるが、中国では新型コロナが落ち着いたなか、観光地に人が戻りつつある。

日本総研でも、新型コロナで海外旅行にどのような変化が起きるのかという議論が起きたが、その際の一番説得力のある結論は「当面は厳しいが、喉元過ぎれば熱さ忘れるで、終息すれば意外と回復する」であった。確かに過去を振り返ってみても、１９１８～１９１９年のスペイン風邪のときもグローバル化の流れは止まっていない。最近のＳＡＲＳ、ＭＥＲＳなどが流行した際も、一時的に観光が下火になるが、その後は復活している。

ただし、今回の新型コロナはコロナ前・コロナ後とで世界を変えてしまっているため、これまでどおりのスタイルではなく、いわばインバウンド２・０といえる取り組みも必要だ。さらに、特に清潔度を高めたり、自動化を進めることは不可欠だ。その点についてはとても重要なポイントなので後述する。

投資家のウォーレン・バフェット氏が「航空機需要はこの数年間では戻らず、航空株を全て売却した」と発言したとおり、いつ本格回復するかは予測し難い。インバウンド回復にはどうしても数年かかると思うが、その間は国内客でしのいでいくことが重要となる。6月19日から県境を越える移動が自由になったところだが、現在、インバウンド全盛前の関西を再び味わえるところなので、修学旅行以来関西を訪問していない国内客を満足させられるかが当面の生き残り策として重要である。

さて、こうした厳しい時代を乗り越えた後であるが、「はじめに」でも紹介したように、アンケートなどをみると、日本で新型コロナが終息したら、「大阪に」ぜひ行きたいという中国人の方は非常に多い。

そこで気になるのが、なぜ中国人は大阪が好きなのかということである。私の周りの中国の方に聞くと、東京の人よりも大阪の人の方がおしゃべりで仲良くなりやすいとのことだ。人民日報系列の新聞で、海外ニュースを中心に報道している「環球時報」が、大阪を「最も日本らしくない都市」と紹介したこともある。「東京人が他人行儀でクールなのに対し、大阪人は率直で情熱的。東京の電車内は静かだが、大阪の電車内は笑い声がよく聞かれる」とのことだ。

私も某航空会社の機内の観光地案内で「大阪は上品とはいえないが、活気があって楽しい街」との英語の紹介文をみたことを覚えている。「上品とはいえない」が一言多いが、活気があって楽しいという指摘は正しい。実際、旅行会社の人に聞くと、海外旅行者に日本に来て何が良かったかを聞くと、場所や食べ物といったもののなかに混じって、関西人というのが入ることがあるようである。「関西人は他の日本人と人種が違うように感じる」という外国人旅行者の発言も多い。

日本一を目指さなかった「あべのハルカス」

さて、大阪の商業施設にはもう一つの「日本一」がある。近鉄百貨店が入っているあべのハルカス（以下、ハルカス）だ。ハルカスは、近畿日本鉄道（現・近鉄グループホールディングス）が、百貨店の入る近鉄大阪阿部野橋ターミナルビルの建て替えに伴い1300億円を投じて建設した60階建て超高層ビルだ。名称は「心を晴れ晴れとさせる」を意味する古語「晴るかす」にちなんでネーミングされた。

実は、計画が動き始めた2006年時点では高さ日本一を目指していたわけではなかった。大阪（伊丹）空港の航空規制区域に入っていた建設予定地では建物の高さが約290

メートルに制限されていたが、翌2007年3月に一変した。航空法の規制緩和で予定地の高さ制限が撤廃されて青天井になった。そこで横浜ランドマークタワーを4メートル上回る高さ300メートルに変更することになった。

新ランドマークは、ことあるごとにニュースに取り上げられ、全国に広く知られるようになった。以前、元記者の知人から「記事になるためには『日本一』『世界最大級』などの冠が必要」と教えてもらったのだが、ハルカスをみてもその重要性がわかる。とにかく、ハルカスには多くの人が足を運び、開業5周年までの総来場者数は約2億人に達した。

効果は周辺の街づくりにも波及した。近鉄不動産がハルカス開業の翌年に大阪市と協定を結び、近くの天王寺公園の一部を芝生広場「てんしば」にリニューアルした。

私が大阪に来た直後は、天王寺動物園に近いこの界隈は雑然としており、安全なイメージはあまりなかった。四天王寺に通じる商店街もあまり元気がないようにみえたが、ハルカスと「てんしば」によって、家族連れや行楽客が増えた。この5年間でがらりと空気が変わった。今は友人などを気軽に連れていける素晴らしい観光地である。地域や企業が本気を出せば街を再生できるという好事例だ。

日本一の高さを誇るハルカスだったが、今度は森ビルが東京で日本一の高さのビルを建てる。こういうランキングの変動はある意味、経済のダイナミズムを表すので、現職であるマクロ経済研究センター所長としては好ましいことだと思うが、元関西経済研究センター長としては少し寂しく思ってしまい、やや複雑な気持ちになる。

ニュースの違いで生まれる思考の変化

東京と大阪の両方に住んだことのある人間として、全国の読者に知っておいてほしいことがある。大阪では基本的にほとんどのニュースが大阪のほか、大阪近県の関西に関するものである。一方、東京では首都圏のニュースが基本線であり、それが東京人と大阪人のものをみる目を変えているのだ。

その一つの例が「パンダ問題」である。私は2011年10月に大阪に転勤になったのだが、一番驚いたのがパンダのニュースだ。東京メディアは上野動物園のパンダ情報を非常に重要な出来事として報道する。さらには上野のパンダの赤ちゃんについて中国外務省の報道官に質問する。

和歌山で伸び伸びと暮らすパンダ

しかし、和歌山のアドベンチャーワールドではほぼ毎年パンダの赤ちゃんが生まれる。それも双子で生まれることも多い。現在は6頭もいる。それだけでもすごいが、実はこれまで10頭以上のパンダを中国に返している。そのため、関西の人々は東京のメディアが報道する上野動物園のパンダの赤ちゃんのニュースを少々不思議な気持ちでみている。

パンダの赤ちゃんをみるために4時間待ったというニュースを聞くと、羽田から南紀白浜空港が1時間ちょっとのフライトであり、アドベンチャーワールドが空港から車で10分程度であることを考えると、和歌山まで飛んだ方が時間もかからないのに……と思ってしまう。

もともとのアドベンチャーワールドでのパンダ飼育はパンダの繁殖実験が目的であり、その観点からは和歌山は大いに貢献している。しかも、できるだけパンダの母性を発揮させるような育て方でパンダを飼育しているので、今度は大人になったパンダが子どもを育てるのが上手になる。その優れた育て方は本家の中国の専門家をはじめ世界を驚かせているらしい。これはまさに国際貢献だ。しかしながら、その業績はなぜか東京では報じられない。

そういえば上野動物園でシャンシャンが生まれたとき、和歌山県の仁坂吉伸知事は「上野のシャンシャンしか世の中に（パンダが）いないのか、というくらいの浮かれようだ。最後に『和歌山にもいるんですよ』と一言くらい入れてくれたらいいのに」「『(上野では）少ししかみられなかった。ゆっくりパンダをみたいなあ』と思う方に、『白浜の方がじっくりみられますよ』というメッセージをどう届けるかを、これから大いに考えないといかんなあと思う」「NHKは日本放送協会という名称をやめて東京放送協会THKに改称したらどうでしょう」と話していた。その気持ちはよくわかる。

一方で、こうしたニュースを東京に伝えない関西にも問題はあるのかもしれない。実際、仁坂知事が強く言ってからは東京のメディアでも少し報じられるようになったからだ。私も東京で講演会をするときは、これを「パンダ問題」と称して東京一極集中是正の観点から力説している。

なお、神戸市立王子動物園にもパンダのタンタンがいる。２０００年7月の来園以来、神戸のアイドルとして大活躍していたが、近いうちに中国に帰る予定だ。少し残念だが、長年にわたる活躍にお礼を申し上げたい。なお、王子動物園にはコアラもいるので、関西観光の際にはぜひ王子動物園にも訪れてほしい。

さて、東京と関西でニュースが遮断されていることは理解してもらえたと思う。確かに、こうした仕組みは地元民が地元のことをよく知るというメリットがあるが、東京とそれ以外の地域でみているものが違うという事態を起こす。東京で関西のニュースが流れるとしたら、泣きながら会見した兵庫県議、日本維新の会をめぐる政治の話、神戸市での教員同士のいじめなどエキセントリックなものが多く、偏りがある。その結果、東京での偏見が増えているような気がしている。

コラム 1

大阪弁の「おもろい」は標準語と少し意味が違う

大阪に来て東京との違いで驚いたのは「おもろい」という言葉の標準語とのニュアンスの違いだ。何か大阪の話をするときに必ず「おもろい」という言葉が冠される。「おもろい」というと、吉本興業的な話にされがちであるが、大阪に来て思ったのは、ただ単純に面白い、お笑い番組のような面白いというのとは少し意味が違っていることだ。もちろんお笑い的な面白いという意味合いもあるのだが、感覚的に言うと味わいがあるとか、新たな発見があるような様々な意味を持っている。古文で言えば「いとおかし」に近いのかもしれない。

筆者が所属していた大阪府の「万博のインパクトを生かした大阪の将来に向けたビジョン」有識者ワーキンググループでも、この「おもろい論」が大きな話題になった。関西の人が感じる「おもろい」という言葉をどのようにして東京にわかってもらうのかというのがかなり大きな問題である。

実はこの「おもろい」は多くの学者も研究していて、それをみると味わい深いとか面白みがあるとか様々な意味を持つことがわかっている。私としては、大阪検定というご当地検定の公式テキスト『大阪の教科書』（創元社）を監修し、前述の有識者ワーキンググループの座長でもあった橋爪紳也教授がおっしゃった「トンチが利いて、目の前がぱっと明るくなる状態」という解説が一番しっくりきている。

それにしても大阪の長期戦略を考える有識者会議で「おもろい」が議論されるのであるから、大阪にとって「おもろい」はかなり重要な問題であるのではないか。

また、この有識者ワーキンググループでは「おせっかい」という言葉も話題になった。確かに東京の方が忖度という気の使い方であるのに対し、大阪の方が「ずけずけ」いくような気がする。相手にとって良いことであれば、お願いされてもいないのに助けるのは大阪人の悪い癖でもあるが、いいところでもある。きっと2025年も「おもてなし」というより「おせっかい」なくらい、日本に不案内な外国人を助ける関西人が多く出てくるはずだ。

「モッタイナイ」の次は「オセッカイ」が世界的な流行語になる時代も近い！

第2章

大阪は「たこ焼き」だけではない

なぜ大阪・関西は平成時代に「地盤沈下」したのか

これまで述べてきたように、大阪やその近辺の京都や神戸を含む関西経済には、これから前向きな話が目白押しである。本書では大阪を話の中心にしているが、大阪経済は近隣地域との関連が強いうえ、最近では、関西全体で語るべきということが関西経済界で聞かれる。また、後述するが、関西としてのまとまりの悪さが大阪経済の欠点でもあったと考えている。そこでここでは大阪を含む関西経済全体の動向について説明をしたい。

まず、令和の関西経済を説明する前に、平成の関西経済について説明することにしたい。平成の関西経済を一言で表すと「地盤沈下が続いた時代」といえる。関西の域内総生産（GRP）や製造業出荷額などの全国シェアをみると（図表2-1）、1970年から低下傾向にあるが、1989年以降、平成に入ってからもその傾向が続いた。

わが国ではバブル崩壊以降の経済を「失われた20年」と呼ぶことが多いが、関西はバブル崩壊の負の影響が大きかった地域といえよう。ただし、足元では訪日外国人来訪率で関西各県が軒並み上位にくるなど、インバウンド需要が順調に拡大していることや、2019年6

図表2-1　関西の全国シェアの推移

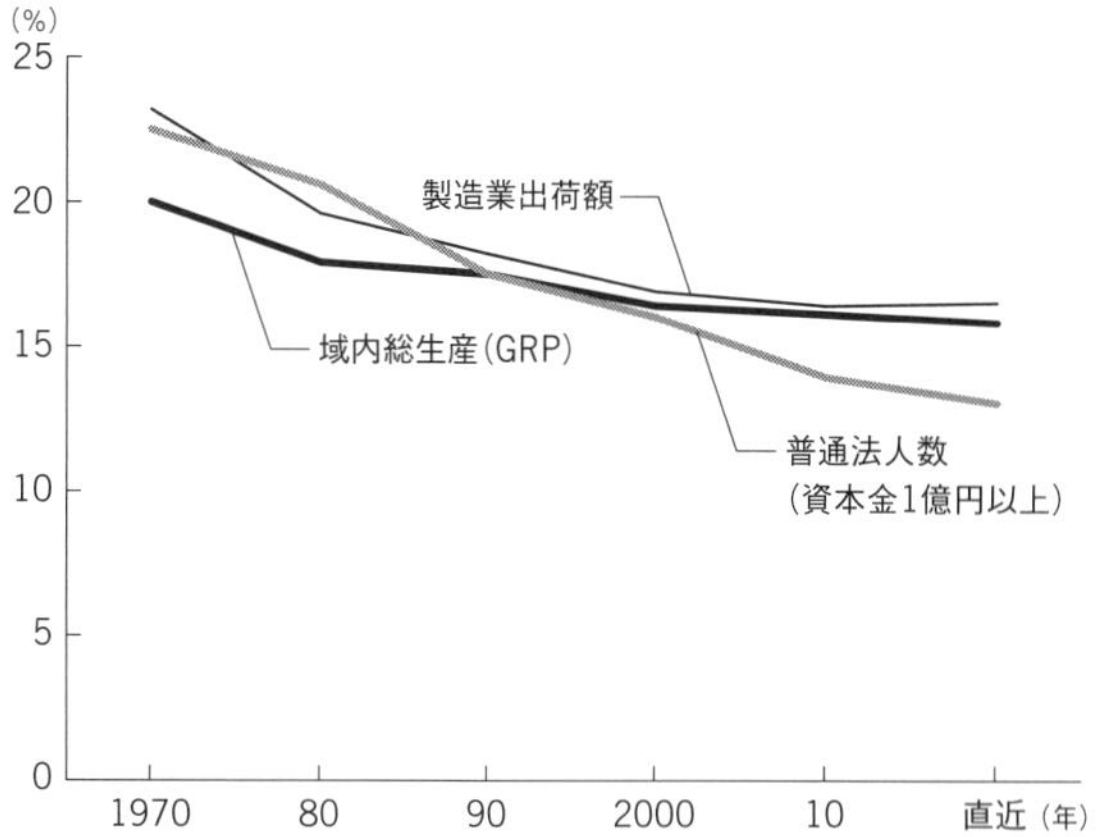

（出所）経済産業省近畿経済産業局「近畿経済の概要」から筆者作成
（注）シェアは近畿経済産業局管内ベース。直近年は域内総生産が2016年度、製造業出荷額が2018年調査、普通法人数は2018年度

月のG20サミット及び２０２５年万博開催が決定したことなどをきっかけに復活の兆しもみられる。

　平成の終わりに万博が決まり、令和の初めに百舌鳥《もず》・古市古墳群が世界遺産に決まったのは、令和に大阪、そして関西経済が復活する吉兆のようにも思える。新型コロナで少し足元の景気は悪いが、万博があるのでまだ頑張れるといった感じだ。再開発ネタも目白押しであり、関西経済には１９７０年万博以来の前向きな空気が流れている。

　ではなぜ、平成時代の関西はあまりぱっとしなかったのであろうか。私なりに考えると、災害やバブルに翻弄された歴史、産業構造、そして、冒頭でも述べたように、関西全体でまとまれば力を発揮するのに、まとまらなかった各都市の自我の強さがある。次ではこれら3点について詳しく説明したい。

災害・バブル・オリンピック誘致失敗に翻弄された歴史

まず、災害・バブル・オリンピック誘致失敗に翻弄された歴史から説明しよう。

災害という観点からは阪神・淡路大震災の爪あとだ。まず、平成の関西経済を振り返るにあたって、忘れてならないのは阪神・淡路大震災（１９９５年）だ。６４３４人の死者と９・６兆円の被害が発生し、関西経済に甚大な影響を与えた。罹災《りさい》地域は、その後２〜３年間は復興需要に支えられ上向いたものの、それらが一巡すると多くの企業が退出し、経済が中期的に低迷することとなった。さらに、復興費用が関係自治体の財政に対し中期的に負担となった結果、神戸市などでは前向きな投資等が遅れる傾向があった。

また、神戸港は１９９０年前半までは世界のコンテナ取扱額の上位５位前後に位置していたが、１９９０年代後半から２０００年には20位台、２０１６年には55位と低迷している。

近隣アジア諸国の成長などによる部分もあるが、震災によって神戸港が前向きな投資をできなかったことも国際的な地位低下の要因の一つになったと考えられる。

東日本大震災では、東北の復旧ではなく、復興を目指すべきという話が出た。これは阪神・淡路大震災で関西が震災前よりも栄える復興ではなく、震災前のレベルに回復する復旧を目指して、世界に遅れてしまったことが背景にある。震災の直接的なダメージだけでなく、震災後の戦略を描けなかったことがダブルパンチとなったことは反省せねばならない。

次はバブルの傷跡である。実は関西は関東よりもバブル崩壊の影響が大きかった。公示地価の動きをみると、１９９０年前後のピーク時には大阪圏が東京圏・名古屋圏を大きく上回る上昇となっており、その反動局面では、逆に東京圏・名古屋圏を下回る状況が続いている。わが国経済の長期低迷をもたらした不動産バブルであるが、関西はその振り幅が非常に大きく、バブル崩壊の傷が非常に深刻な地域であったといえる。

京阪神地域は東京に比べると不動産市場が小さい。そうしたなかで、東京並みに資金が入ってくると不動産価格が跳ね上がる傾向がある。さらに商売が大好きな土地柄だ。不動産市場が活発になると、エスカレートしやすい。バブルのときは『ナニワ金融道』『ミナミの帝王』といった漫画が流行ったが、バブル期を象徴するものは大阪が舞台であったことは興味深い。やはり大阪はバブルに踊りすぎたのだろう。

そして大阪・関西の負の歴史といえば、大阪オリンピックの招致失敗とそれによるベイエリア開発の遅れである。平成に入る前年の1988（昭和63）年、大阪市は夢洲・舞洲《まいしま》・咲洲《さきしま》を新都心として開発する「テクノポート大阪基本計画」を策定し、公費約7000億円をつぎ込んだが、バブル崩壊で開発は頓挫した。広大な空き地が広がるなか、打開策として2008年オリンピックの招致にも動いたが、北京に敗れた。

大阪湾岸の埋立地である夢洲・舞洲・咲洲は大阪都心から10㎞程度と距離的に近く、電車や自動車で30分程度でアクセスが可能でありながら、オリンピック招致失敗後は進出する企業が少なく、空き地が目立つ状況が長く続いた。もちろん行政も何もしなかったわけではない。税制などを活用して工場誘致や港湾整備に尽力した。しかしながら先進国がサービス化、賃金が安い新興国が工業化するなかでは、工場誘致が進まなかった。再開発を工場用地にこだわった点も反省材料だ。その結果、同地域は平成を通じて大阪における「負の遺産」と称された。

今は何もない夢洲。万博でどう変わる？

東京に例えると、お台場や豊洲が空き地で手つかずのままと言えばご理解いただけるだろう。東京でこれらの地域が盛り上がっているのをみると、そのもったいなさがわかってもらえるのではないか。

なぜ関西には自動車産業がないのか？

次に産業構造の話だ。特に、日本の勝ち組産業である自動車産業がないということが経済的に厳しかった。平成の製造業に目を向けると、グローバル競争が激化するなかで、好調を維持した自動車産業と厳しい経営環境に陥った電気機械産業という構図が鮮明である。平成を通じて、中部圏経済の相対的好調さと関西の不振というコントラストを生んだ背景にはこうした地域の主力産業の違いが指摘できる。

　２０１８年の製造品出荷額（工業統計調査）をみると、中部では輸送用機械が43・２％を占めているのに対し、関西では９・０％である（全国は21・４％）。また貿易統計をみても、２０１９年は中部では自動車及び自動車部品が43・３％であるのに対し、関西の輸送用機器は４・４％である（全国の輸送用機器は23・６％）。なお、関西の輸出で最大シェアは電気機器の28・６％である。

　電気機械産業は中国・韓国勢の追い上げが激しく、またモジュール化が進んだことから、摺り合わせが得意な日本企業にとって逆風の環境であったといえる。またコモディティ化も著しく、激烈な価格競争に巻き込まれ、多くの電気機械メーカーが淘汰された。一方で輸送用機械は、摺り合わせ技術が有効な分野であったことから、平成を通して日本が国際競争力を維持した分野である。その違いが関西経済低迷の一因となった。

　グローバル化のなかで企業経営にはスピードや革新性が必要となってきたが、多くの日本企業では過去の成功体験などから柔軟に対応できなかった。関西製造業にはそうした面が色濃く出た。

産業振興という観点から、人材活用にも問題があった。具体的には女性・高齢者の就業ランキングでワーストクラスということが大きな問題であった。女性や高齢者などが持つ高度なノウハウを生かせなかったことが低迷の一因となった可能性は否定できない。2017年の就業構造基本調査をみると、女性の有業率（対生産年齢人口）は奈良県が64・0％、兵庫県が65・6％、大阪府が66・0％と全国ワースト3が全て関西である。大阪の女性のパワー・能力を生かしきれなかったのは反省せねばならないだろう。

また、65歳以上の高齢者の有業率をみても、京都府（25・9％）、和歌山県（24・8％）が全国平均（24・4％）を超えているものの、奈良県と兵庫県（20・8％）がワースト3位、大阪府（21・6％）がワースト5位である。人手不足に加えて、世界中で人材獲得競争が激化するなか、このように女性や高齢者などの力を有効活用できていないことは問題であった。

醸成されてこなかった大阪・京都・神戸の連携

そして関西地盤沈下の3つ目の理由としては、「関西は一つ」ではなく、「関西は一つ一つ」と称されるように広域連携の遅れがあげられる。大阪・京都・神戸と有力な巨大都市が存在するため、関西全体で協力するという意識はあまり醸成されてこなかった。確かに、2010年には関西の府県と政令指定都市で構成される関西広域連合も設立された。後述するが、広域連合というのは道州制の橋渡し的なポジションであり、うまく活用すれば大きなチャンスがあるものだ。

関西広域連合では、ドクターヘリの共同運航や東日本大震災・熊本地震への共同災害支援といった防災面や、関西観光本部による官民を挙げたツーリズムの推進などの観光面では、一定の協力・連携が進展したことは評価できるものの、それ以外の分野ではまだ道半ばであり、一層の連携強化の余地を残している。

このように関西経済にとって平成は非常に厳しい時代であった。しかしながら前述のとおり、足元では復活の兆しがみえてきている。これを本格回復につなげるためには、平成の経験を逆にすればよいのだ。

まず、災害・バブルなどへの対応から考えよう。南海トラフ地震が懸念されるなか、災害対策は喫緊の課題となっている。2018年、関西では台風や地震などの自然災害が相次ぎ、甚大な被害が出た。特に関西国際空港の一時閉鎖は、関西経済のけん引役であるインバウンド需要の低迷をもたらしただけではない。関空は関西全体の貿易取扱額の約3分の1を占めているという重要な「貿易港」でもあるため、関空が閉鎖されると観光面で困るだけでなく、輸出や輸入も進まなくなって、関西経済にとっては死活問題となるのだ。

災害に強い空港・港湾インフラは非常に重要だ。また、万博開催地であり、カジノ付き統合型リゾート（IR）の有力な候補地である夢洲は大阪湾岸にあることから、夢洲の防災対策も急がなければならない。昨今の風水害の教訓からインフラなどの防災対策を加速して、災害に強い都市を作っていくことが重要である。

これは東京、いや全国にとってもメリットがある。日本は自然災害に見舞われやすい国である。ある地域で災害が発生したとしても、バックアップ機能を果たすインフラが全国に分散されていれば、日本全体として影響を最小化できる。関西は地理的に日本の中心部分にあるので、関西のインフラが災害に強くなれば、全国の他のインフラをサポートする機能を発揮できよう。

バブルに踊らないことも重要だ。平成初期には大阪を中心に不動産価格が急騰し、バブル崩壊の影響が深刻化した。昨今、関西は不動産開発案件が増加しているほか、インバウンド需要などを背景に都心部のホテル開発なども活発化している。

また、夢洲などの湾岸エリアは開発途上にあり、未利用地も多いため、関心を示す不動産業者なども増えている。そうしたなか、バブル崩壊から30年近い年月が経過し、当時の記憶も薄れつつある。「バブルは弾けて初めてそれがわかる」と言われるが、各経済主体が警戒感を持って対応を進めていく必要があろう。

現在、大阪は世界で最も有望な不動産市場の一つになっている。新型コロナによって不動産ファンドへの資金流入が減ることは世界中の不動産市場にとって不利な点であるが、世界の不動産がこの10年で非常に高価格になったのに対して、日本、特に大阪ではあまり上昇していない。そのため、割安とみている投資家が多いので、あまり悲観しすぎないでいいようだ。

一方で、世界や東京に比べると市場が小さいので、少しの金額で不動産価格が急上昇してしまう。東京以上にバブルの警戒が必要な地域といえよう。関西人は非常に熱しやすい。特に注意されたい。

なぜ万博は東京にとっても重要なのか

オリンピックの誘致に失敗して経済が悪くなったのならば、次は万博の成功が大阪・関西経済の復活にとって重要だ。「令和」時代前半のビッグイベントは万博であり、その成功は関西経済だけでなく、日本経済の飛躍のためにも重要である。かつてのオリンピック開催候補地である夢洲で万博を成功させ、IRも開業することとなれば、関西の長年の「負の遺産」をプラスに転じ、関西経済に前向きな空気を醸成させることにつながる。

万博への対応については、レガシーの創出も重要な観点だ。特に万博のテーマであるSDGs(持続可能な開発目標)への対応はそれに直結する。SDGsとは、2015年9月の国連サミットで採択された「持続可能な開発のための2030アジェンダ」に記載された2030年までに持続可能な世界を実現するための国際目標で、17の目標・169のターゲット・232の指標で構成されている、今後の開発のあるべき姿を示したものだ。万博は、地球規模の様々な課題に取り組むために、世界各地から英知を集める場所であり、とりわけ近年、社会課題解決への関心が高まりつつある。

2025年日本国際博覧会協会は、はっきりと、「大阪・関西万博は、2015年9月に国連本部で開催された『国連持続可能な開発サミット』において、持続可能な開発目標として17の目標を掲げたSDGsが達成された社会をめざす為に開催いたします」と宣言している。

現在、日本企業においては、SDGsへの関心が非常に高まっているものの、多くはCSR部門がSDGsを担当しており、収益部門が関与することは少ない。一方で、海外企業では、SDGsを有望なビジネスチャンスと捉え始めている。

SDGsは世界中における社会課題の達成目標の一覧となることから、これらに有効なソリューションを提供できればグローバルなビジネスにも直結する。例えば、近年、欧米企業で進んでいるプラスチック製品の代替品開発はSDGs対応の側面もある。また、昨今、社会課題に関心が高いベンチャー企業や中堅中小企業が多いなか、それら企業と連携・協働することで新たなビジネスフロンティアが開拓できる。

万博についてはもう一点重要な視点がある。それは関西限定のイベントにしないことだ。全国の企業や人々にとってビジネスチャンスや自己表現の場にしていくことも絶対に必要である。あと5年で開催しなければならないように残された時間は少ない。東京をはじめとする全国の力を集結することが大事ではないか。場合によっては関西以外の地域にサテライト会場を置くことも検討してもよいのかもしれない。

また、万博では、展示をみるだけでなく、世界80億人がアイデアを交換し、未来社会を「共創」（co-create）することのほか、万博開催前から、世界中の課題やソリューションを共有できるオンラインプラットフォームを立ち上げて、開催前から、世界中を相手に盛り上がる仕組みも作られている。つまりネット上で万博の開催前から盛り上がれる仕組みを入れるのだ。さらには、人類共通の課題解決に向け、先端技術など世界の英知を集め、新たなアイデアを創造・発信する場となることも目指している姿だ。大阪の一イベントではなく日本全体のチャンスにすべきだろう。

未来の日本を担う新産業を作る

万博で最も大事なことは、半年間のお祭りにするのではなく、新産業を作り出すことだろう。令和における関西経済の発展のために、最も重要なことは新時代に相応しい新しい産業を作っていくことである。特に万博を機に世界中から新しいビジネスのアイデアや技術が集まることが予想されるなか、このチャンスを生かす必要がある。そしてそれを関西企業だけでなく、日本企業全体のビジネスチャンスにすべきだ。

1970年は外食元年と言われるが、それは万博を機にハンバーガーなど海外の食事が日本で紹介されたからだ。そして万博以降の食の洋風化の流れのなか、このハンバーガーの分野でナンバーワンになったのは東京資本の日本マクドナルドだ。また舞台設計などで有名な乃村工藝社も東京系企業であるが、万博を機に飛躍している。つまり、企業の本社がどこであれ、万博に参加するか、万博の流れに乗るかでビジネスチャンスは一層大きくなるのだ。

新産業創出ではiPS細胞などのメディカル、電気機械産業に付随して発達した電子部品・電池分野などが有力分野であるが、それ以外ではスマートシティ関連が有望な候補となろう。日本企業による新産業が夢洲で花開くことを期待したい。

そして、各都市の個性を大事にしながらも、相互に連携を進めていくことが求められる。そのためには関西広域連合の機能強化が重要である。2019年3月には関西広域連合の「広域行政のあり方検討会」が報告書を公表したが、このなかでは現行法制に基づく短期的な改革案と法改正を睨んだ中期的な改革案が提示されている。

この報告書の提言の早急な実現はもちろんのこと、定期的にこういった検討会を開催し、広域連携を加速していくことが重要である。先ほど述べたように、都道府県レベルの広域連合があるのは関西だけだ。広域連合としてガバナンス力を高めるほか、国の事務・権限の移管を進めることで日本・関西の活力を高めるべきである。

さらに、中長期的な改革案としては、関西選出国会議員と関西広域連合議員の兼職、関西広域連合から国への法律提案権等も議論されるなど、これから機能強化が一層図られる可能性がある。これから道州制の議論が出てきたときに、関西はそのフロントランナーになりうる。

関西全体が同じ方向を見始めたという意味で好事例を紹介したい。関西の経済団体である関西経済連合会は関西広域連合などと協力して、関西地域をＰＲする「はなやか関西シンボルマーク」を策定した（図表２－２）。これは花をモチーフに関西各府県の名物をちりばめたもので、なかなか評判が良いものとなっている。

図表2-2　関西のご当地自慢がひとつの花に
（はなやか関西シンボルマーク）

❶鯖江のメガネ［福井］
❷フクイラプトルの化石［福井］
❸ズワイガニ
［福井、京都、兵庫、鳥取］
❹二十世紀梨［鳥取］
❺鳥取砂丘［鳥取］
❻姫路城［兵庫］
❼神戸港のクルーズ［兵庫］
❽仁徳天皇陵古墳［大阪］
❾たこ焼きと串カツ［大阪］
❿阿波おどり［徳島］
⓫大鳴門橋と渦潮［徳島］
⓬通天閣［大阪］
⓭大文字山［京都］
⓮五重塔［京都］
⓯フナ［滋賀］
⓰琵琶湖［滋賀］
⓱奈良公園のシカ［奈良］
⓲東大寺盧舎那仏像［奈良］
⓳温州ミカン［和歌山］
⓴伊勢神宮［三重］
㉑伊勢エビ［三重］
㉒熊野古道
［和歌山、三重、奈良］

（出所）関西経済連合会

大阪でも盛り上がるスマートシティ

現在、世界中でスマートシティビジネスに注力する企業が増えている。夢洲などのベイエリアをはじめとする不動産開発地域において、５Ｇに代表される最新の通信環境を整え、リアルとデジタルの融合を進め、低炭素かつ高エネルギー効率な都市とすれば、自ずと海外から注目が高まると考えられる。また、個人データ保護を進めるための情報銀行、自動運転や次世代の交通シェアリングサービスであるＭaaＳ（モビリティ・アズ・ア・サービス）などの社会実験・実装を進めることも新産業創出につながると期待される。

特に夢洲は３９０ヘクタール（阪神甲子園球場約１００個分）の更地で、そこに万博やＩＲといった新しいものが加わるので、次世代のスマートシティを作り上げるのに適した土地であると考えている。政府が提唱するＡＩやロボットなどの革新技術による未来社会、経済発展と社会課題の解決を両立する社会である「Society5.0」の実現に向けて、人々の生活に大きくかかわる環境エネルギー、経済活動、安全・安心、健康、行政、教育など複数分野にわたり、都市が抱える課題の解決に向けた取り組みが進む予定である。

さらに、金融という切り口からは、今般、日本取引所グループと東京商品取引所が統合し、大阪取引所に日本のデリバティブ取引の9割近くが集結することとなった。デリバティブをキーワードに東京とは特色の異なる金融センターを目指すことで、フィンテック分野などの有望企業の輩出につながる可能性があると考えられる。

こうした新産業創出は既存企業だけでは完結することは困難である。昨今、関西でも盛り上がりをみせつつあるスタートアップの活用は不可欠となろう。

その際に重要なのが性別・年齢・国籍を超えたオープンな人材登用である。前述のとおり、関西では女性や高齢者の活躍推進に遅れがみられる。人手不足が深刻化するなか、女性や高齢者など、これまで活躍の場が限られてきた人材に一層のチャンスを提供することは、大阪経済にとって重要である。

さらに外国人材の活躍推進も重要性が増していくなか、性別・年齢だけでなく、国籍にとらわれることなく、受け入れ環境を整備のうえ、オープンに人材を受け入れるべきであろう。とりわけ、前述した新産業創出においてこうしたオープンな人材活用が重要になる。関西は上沼恵美子氏を生み出した地域だ。パワフルな女性だけでなく、様々なバックグラウンドを持った人が輝ける場所となるべきだし、そのためにも全国・全世界から人材を集めるべきだ。

講演会でこのような話をすると、皆一様にうなずく。確かにこれまでは東京一極集中、関西の地盤沈下のなか、何かやっても徒労に終わるような気がしていたかもしれない。しかし、万博などのチャンスがあるなか、関西の空気も変わっている。さらに、新型コロナによって経済・社会体制が大きく変化すると見込まれるなか、関西の企業人に変革の機運が高まっている。あとはこれを実行していくだけである。

「そうだ 京都、行こう。」で得した京都

さて、ここでは大阪独自の経済問題、イメージ戦略について言及したい。京都とのイメージ格差はなぜ生まれたのか、という問題だ。

「京都にはよく行くけど、大阪は何年も行っていない」ということはないだろうか。ここでは、京都と大阪のブランド戦略はどこで差がついたのかを考えてみたい。京都と大阪はとても近い。距離的には横浜と東京くらいしか離れていない。しかし、このイメージの差はいつ

生まれたのであろうか。

決定的な役割を果たしたのは、JR東海の「そうだ 京都、行こう。」というCMだ。京都観光おもてなし大使の塩原直美氏は「平成の京都観光ブームは、まさにこの「そうだ」のCMと共に歩んできたのではないか？　とさえ私は思っています」（朝日新聞デジタル2019年4月9日付）と指摘している。京都とは、それまでは修学旅行で行くところ、昔からの付き合いが大事で一見さんはお断りのところという感じではなかっただろうか。

京都の寺院・四季を雅な映像に写しとり、キャンペーンの楽曲「My Favorite Things」が流れるCMは、京都の高級なところというイメージづくりに大きく寄与した。また、京都人もそれを理解し、観光客に対し、京都と大阪の違いについて「はんなり」かつ「やんわり」とご教授される。ますます京都の高級感が高まる。

確かに京都の努力も認めなければならない。門川大作京都市長は新型コロナ前までいつも着物を羽織られ、京都文化を発信する。そして日本で最初の日本酒で乾杯条例は京都だ。街中の建物の外観については、茶色をベースに統一させようとしており、大阪よりも統一感・清潔感があるのは否定できない。寺社・仏閣で海外の現代美術の展覧会などを開き、

1200年の都でありながら、最先端を取り入れて変化を続けている。季節、時間、場所の掛け算でその魅力を発信するというコンセプトが徹底されているあたりは本当にあっぱれである。

また、ある本によれば、日本で二番目の帝国大学設立は大阪の予定であったが、「商都大阪に学問はいらん」と言って大阪はそのアイデアを蹴ったらしい。目先のお金ではなく、学問を引き受けたということも京都のすごさではある。

さて、京都と大阪の差であるが、これも井上章一氏が面白いことを指摘している。木屋町御池の南東に上大阪町、四条河原町を北上した東側に下大阪町があるように、京都の洛中に大阪を名乗る街が点在しており、この事実は「(京都の人々から) 大阪の名がそう嫌われていなかったことを物語る」としており、むしろ、親しまれていた可能性すら指摘している。

NHKの朝ドラ「あさが来た」のヒロイン「白岡あさ」のモデルとなった広岡浅子は、1849年に豪商・三井高益《たかます》の四女として京都市内で生まれた。高益は出水三井家（後の小石川三井家）の6代目当主に当たる。17歳のとき、浅子は大阪の豪商・加島屋の広岡信五郎と結婚した。それくらい京都と大阪は近かったのだ。しかし今は大阪と京都は少々遠くなってしまったように思える。

G20サミットで脚光を浴びた「オバチャーン」

講演会などをすると、必ず出てくるのが「大阪のおばちゃん」論である。大阪では飴玉（通称アメちゃん）をくれる人は確かに多い。実際よく物をくれる。人情に厚く素晴らしい方々だ。ただ、東京人がイメージする大阪のおばちゃんは少々デフォルメされている。なぜか髪が紫に染められ、ヒョウ柄のスパッツをはいて、ギャーギャー騒いでいるようなイメージにされてしまう。

この本を読んでいる関西に居住していない人々に衝撃的な事実を伝えよう。「多くの大阪のおばちゃんのルックスは東京とそんなに変わらない」ということだ。確かに、皆がイメージするような大阪のおばちゃんは存在する。ただし私の主観では全体の5％くらいだ。

ちなみに私は九州男児であり、北九州出身であるが、初めてお会いする方からは「イメージと違う」というクレームを頂く。北九州出身が皆無口で喧嘩っ早いわけではない。ここでも東京によるレッテル問題が起きている。テレビでメディアイメージどおりの「いかにも大阪のおばちゃん」が出るとチャンネルを変える人も大阪では意外と多い。大阪の女性は情に深い分、傷つきやすいのだ。

さて、G20サミットのときに「オバチャーン」が話題になった。これはまさに全国の方が想像する大阪のおばちゃんたちによる音楽ユニットで、これまで大阪で活躍していたのだがG20サミットのときにはBBCなどの海外メディアの前に登場した。ただし、私の周りでは「面白い」という反応もある一方で、微妙な雰囲気の人もいる。私の見立てでは、ノリが良くて人が良いおばちゃんが、東京資本にそそのかされて踊らされていると思うのだが、どうだろうか。大阪の人は「あ、こうやって偏見が作られていくんだな」と思いながら、反論するのも大人げないと思って反論しない。

「大阪はそんなにガサツなところではない」

数年前のとある会合での出来事を紹介しよう。大阪観光局が海外向けPRビデオを作製。内容は大阪をコミカルに描いたものであった。PRビデオ自体はなかなか面白く、うまく宣伝していた。そしてその会合のなかで、ある発表者がいかにも「大阪のおばちゃん」の写真を出して、「私はこういう大阪のおばちゃんが好き」と発言した。それに対してひとりの女性が猛反発した。彼女は「大阪はそんなにガサツなところではない」と主張した。私は心のなかで拍手を送った。

また、別の日に私が講演会を開催したときの話である。私は「大阪にはたこ焼きだけでなく、いろいろ高級なものもある」「大阪のおばちゃんは決してテレビで放映されているような姿だけではない」と発言した。講演会が終わって名刺交換する際、お会いした女性はこのように言った。「あなたの発言どおり。メディアではいつもたこ焼きの話か、大阪のおばちゃんのガサツさばかりが紹介されて嫌になっている。大阪はもともと上品なところ。こういった話を全国でしてほしい」とのことであった。

こう説明しても、わかってもらえないかもしれない。私だけでは説明が力不足であるなら、井上章一氏の解説を紹介しよう。彼によれば「元気で下品な大阪のおばちゃん」というのは地元のテレビ局が面白い人をピックアップして放映しただけであり、多くの女性は普通の人とのことである。また、文豪の谷崎潤一郎によれば「関西の夫人は東京よりも品が良い」と書いている。昔はそれほど大阪に対して下品というイメージはあまりなかった。ではなぜイメージが変わったのだろうか。

ポイントは関西のおばちゃんをピックアップするのが関西の準キーテレビ局だということだ。東京のキー局に比べて関西の準キー局は予算が少ない。そのため、芸能人を使うのではなく、ノリの良い素人さんを多用する。そして、ここで重要なポイントは準キー局であるということだ。

準キー局はローカル局ではないため、全国版の番組を作るということだ。そして彼らは低予算ながら有望な素人を見抜き、ハイクオリティな番組を制作する。その結果、関西人は「へー。『世の中に』は面白い人がいるな」との感想を持ち、全国の人々は「『(我々の周りにいない)大阪のおばちゃん』は面白い人だな」と思ってしまうのだ。

一方で、ノリが良すぎるおばちゃんにも責任の一端はある。関西の友人から聞いた話であるが、20年ほど前、彼女が居住しているマンションにテレビ局の取材が来た。その取材はマンションで住民間の対立が激しいという映像を撮りたいとのことであった。

しかしながら、そのマンションは皆仲良く暮らしており、そのままでは映像が撮れない。普通ならそこで取材がボツになる話であるが、幸か不幸か、そのマンションに「ノリが良すぎるおばちゃん」がいた。彼女はカメラが回った瞬間、泣き出し、そして怒り出し、近所対立で悩んでいるマンション居住者を「演じきった」ということだった。

さすがに今はどこもコンプライアンスがしっかりしているので、こういったことはないと思うが、こうした昔の出来事の積み重ねがイメージ形成に一役買っている。確かに、一部のこうした特殊スキルを持った「女優」は大阪にはいる。そしてそのレベルは全国的にみて高い。しかしながら、それはごく一部であって、90％は静かに生きている、おしとやかな女性なのだ。

全国の鉄ちゃんも注目する関西の鉄道事情

関西のブランドやイメージに関する話をしてきたが、その点について関西が全国をリードするものがある。それは鉄道である。

私は鉄道オタクではないのだが、万博・リニア延伸を機に関西では鉄道関係で面白いニュースが増えている。実際、関西私鉄をまとめた本が全国でも売れているとのことらしい。詳細はその手の本に譲るが、最低限押さえておくと面白い話をここに書きたいと思う。

まずは2020年3月から運行している近鉄の特急「ひのとり」だ。近鉄は日本最大の私鉄であり、名古屋〜大阪間で東海道新幹線を走らせているJR東海とライバル関係にあるが、その区間に「ひのとり」を投入する。ひのとりには高級感のあるプレミアム車両があり、快適性が向上した。

名古屋〜大阪間の最速移動手段は東海道新幹線であり、最もシェアが大きい。それに対して近鉄はこれまで安さで対抗してきたが、今度は質で対抗しようとしている。2027年の開業が難しくなったリニア中央新幹線が名古屋まで運行した場合、東京〜大阪間について、東海道新幹線で一本でいくか、名古屋で乗り換えるならばリニア＋ひのとりという動きが出てくるかもしれない。

なお、東海道新幹線の到着駅である新大阪は大阪北部にあるが、近鉄は大阪南部の大阪難波が発着であるため、大阪難波よりも南側の人々はリニア＋ひのとりを使うかもしれないし、大阪南部の観光が刺激される可能性がある。

また、JR西日本も注目される動きをしている。2017年「TWILIGHT EXPRESS 瑞風《みずかぜ》」という京阪神エリアと山陰山陽地方をめぐる高級列車を投入。これは周遊型クルーズトレインというもので、最安でも1泊2日で25・4万円という、まさに富裕層向けのサービスだ。そして「WEST EXPRESS銀河」という夜行列車も新型コロナの影響で2020年5月の開業は遅れたが、今後投入予定だ。

鉄道ファンだけでなく夜行列車にノスタルジーを感じる人々の心もつかみ始めている。これは京都・大阪と出雲を週に2往復程度結ぶ予定である。ちなみに寝台列車ではなく、普通車指定、グリーン車指定、グリーン個室となる。寝台車はないが、最大8450円の個室料金を払えば寝台列車のような旅も可能になる。「WEST EXPRESS銀河」での旅を楽しめるよう、沿線の魅力ある特産品の販売や伝統芸能の披露など、車内外での様々なおもてなしも実施する。瑞風には乗れなくても、リーズナブルな値段でゴージャスな気分が味わえそうである。

バージョンアップされる市内の交通網

最後に大阪市内の交通網もバージョンアップされる。万博会場である夢洲に向けては地下鉄の延伸が行われる。メディアなどによれば、JR西日本も、ユニバーサル・スタジオ・

図表2-3　夢洲への鉄道延伸計画

夢洲をめぐる各社の路線整備計画

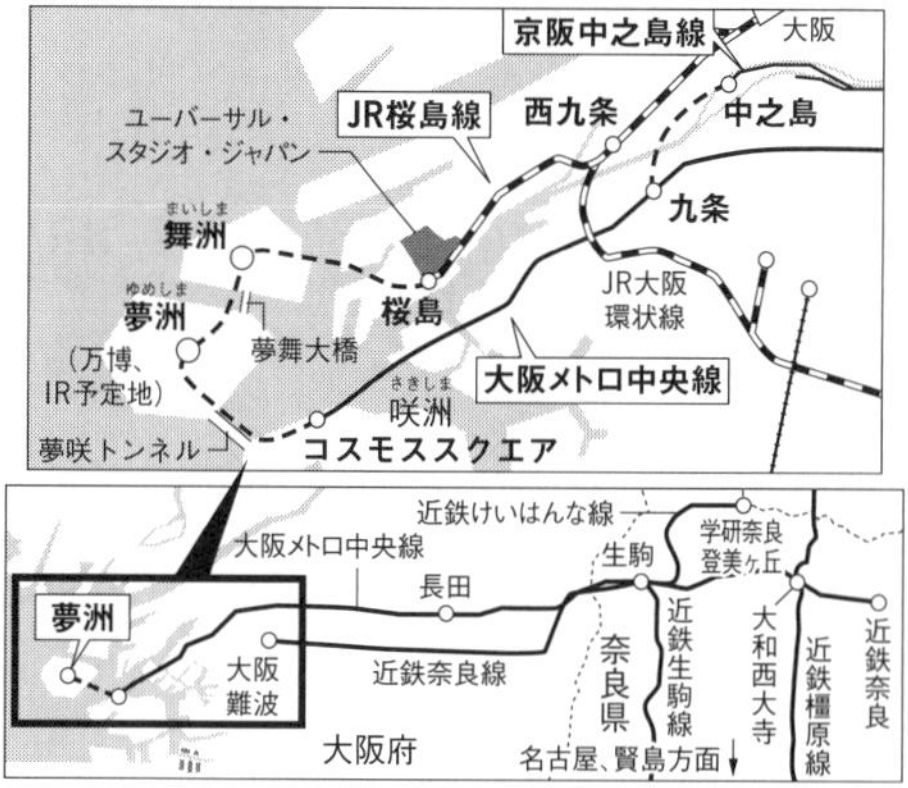

（出所）大阪府「夢洲への鉄道アクセスの技術的検討について」をもとに作成

図表2-4　大阪中心部を走るなにわ筋線の計画

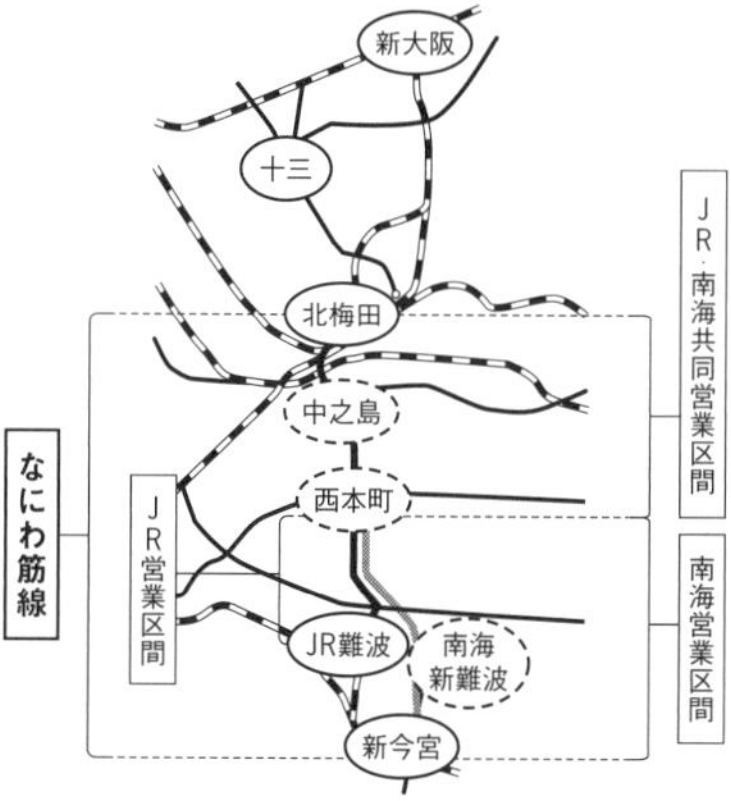

（出所）大阪府ホームページをもとに作成

ジャパン（ＵＳＪ）の最寄り駅である桜島まで延びている線路を夢洲まで延ばす可能性があるとのことだ（図表2−3）。次の注目点は中之島だ。中之島は大阪の中心地にあり、大阪駅からタクシーで10分弱のところだ。大阪で一番大きいホテルであるリーガロイヤルホテルもある。

年配の方には白い巨塔のモデルとなった大阪大学医学部附属病院があったところといえば、イメージできるであろうか。しかしながら、鉄道的には大阪駅、新大阪駅、関空などと結ばれておらず、あまり便利なところとはいえなかった。しかし、なにわ筋線が開業すれば、中之島は梅田、新大阪駅、接続する南海線を経由して関空へ一本で行けることとなる（図表2−4）。さらに京阪電気鉄道は夢洲までの延伸も検討している。

中之島には未来医療国際拠点という、最先端の医療研究施設の誘致が決まっている。鉄道の利便性向上と新施設設置で再び注目度が高まることが期待されよう。このように鉄道網が整備されることは関西にとってプラスなだけでなく、万博やＩＲを目当てに来た観光客が関西以外の地域に広がるという意味でもいいことだ。

金をかけずに成果を出す大阪精神

関西の鉄道の話が続いたが、お金をかけないすごい工夫の話を書きたい。最近の鉄道では、事故などを避けるため、ホームに頑強なドアを設置することが増えている。これは安全性を高めるという意味で良い話であるのだが、高コストになりがちである。

JR西日本のホームドア。低コストで高度な安全

しかし写真のJR西日本のホームをみていただきたい。洗濯ヒモのようなロープ三本を上下するだけの簡易なものだが十分に役割を果たしている。ここにもお金をかけずに成果を出す大阪精神が溢れて

いる。

もう一つ良い例を出したい。皆さんは大阪の京阪沿線にひらかたパークという遊園地があるのをご存じであろうか。1912年、前身の香里遊園地にて「第3回菊人形」を開催したことからスタートした。長い歴史を誇る伝統のある遊園地だ。大阪も昔はいろいろ遊園地があったが、USJの一人勝ちとなり、多くが閉園してしまった。そんななかでひらかたパークは遊園地来場者数ランキング全国5位の100万人の来場者数を集め、関西では結構話題になっている。

USJのハリー・ポッターのような大規模なアトラクションがあるわけではない。ただお金をかけない工夫が来場者数を増やしているのだ。

2009年にひらパー兄さんという統一キャラクターが作られた。初代はブラックマヨネーズの小杉竜一氏。2010年には小杉氏とその相方・吉田敬氏のどちらがひらパー兄さんに相応しいのかを一般の方に投票してもらうひらパー兄さん総選挙を行うなど話題づくりがうまいところがあった。

そして2013年に京阪沿線に衝撃が走る。V6の岡田准一氏が超ひらパー兄さんに就任したのである。どちらが上というわけではないが、吉本からジャニーズである。確かに岡田氏は枚方市出身でよくひらパーにも行っていたらしいが、いかにも地方の遊園地にジャニーズが乗り込んでくることには大変衝撃を受けた。私もそのとき京阪沿線在住であったが、電車の中吊りを二度見してしまった。

もっとも、岡田氏が就任してもひらパー兄さんのキャンペーンのテイストは変わらない。「園長を兼任。過去10年で2回しか達成していない年間来園者数100万人達成に進退をかける」年間キャンペーンを行った。確かに岡田園長に責任を負わすのはかわいそうな気がする関西人は多く、「岡田園長を救え！」という行く理由ができてしまった。

また、100万人を達成して、岡田園長の任期が延長することとなったときには、岡田氏の服が延長コードになった中吊り広告（園長、延長というダジャレ広告）が掲載され、ジャニーズらしくない姿が話題になった。

また、新アトラクションもお金をかけないという発想だ。一つはアイマスクで目隠しして乗ると恐怖倍増という「目隠しライド」を開発した。ジェットコースターのスピードアップは非常にお金がかかるが、目隠しはそれほどお金がかからない。ついでにひらパー兄さんの目元をプリントした「兄さんアイマスク」はお土産として年間1万5000枚近く売れ、最終目的の売上増に一役買ったとのことだ。

2025年に向けて7年前から盛り上がる「枚方万博」

お金をかけない企画ということで、私もうなったのが枚方万博である。万博決定（2018年11月23日）直前の10月5日から2019年3月まで開催されたイベントで「ひらかたパークも、大阪万博誘致を勝手に応援！　2025年？　だいぶ先やな。枚方万博開催！」というものである。

当時、私も講演会などで話す際、ひそかに心のなかで「7年後って結構遠いな」と思っていたのだが、それをうまく言い表されてしまった。さて中身としてはまず、世界のミイラ展という名前で、様々な干物を展示した。また、地球のことを考えて分別しまくりゴミ箱というものもあった。これは「もえるゴミ」「もえないゴミ」以外に、「引くくらいもえるゴミ」「徐々に奇妙にもえるゴミ」「かろうじてもえないゴミ」「帰ってきたもえないゴミ」などの分別の項目があって、可燃だけで10種類、不燃だけで10種類分別しないといけない。ただし私がみる限りは可燃のゴミ箱一つに穴が10種類あるだけのようにもみえる（不燃も同様）。また、リニアモーターカーをひらパーではリニモではなく、リアカーと称しているらしく、単なるリアカーを未来の乗り物として展示していた。

このようにお金ではなくアイデアで勝負していることに好感が持てる。私が京阪電車に乗っているときもひらパーの中吊り広告は大変楽しみであった。地方の遊園地・テーマパークもこうした工夫で盛り上げてほしい。

コラム2 赤いベンチの奇跡

私は昨年まで大阪市城東区の関目というところに住んでいた。そこの小さな奇跡について書きたい。

ある日、私は妻と京阪電車の関目駅の近くを歩いていた。そこに町内会長の岡本善一郎さんが真っ赤なベンチを置いていた。私はそのとき、「町内会長さんが何かしている」

くらいにしか思わなかった。それから数週間後、一枚の紙が私が居住していたマンションのエレベーターのなかに張られた。それによると「岡本さんが足を骨折して、歩くのに難儀した。岡本さんとしては街中にベンチがあればどれだけ楽かと思った。そこで赤いベンチを置く」と書かれてあった。確かにそれは便利だなとは思ったが、そのときその動きに対して何か特別なことを思ったわけではなかった。

しかしそこから赤いベンチの進撃が始まる。まず、至るところにベンチを置くためにはかなりの台数が必要であるが、購入するのはお金がかかる。そこで関目では関目地域活動協議会（会長は十亀恵二氏）を中心に、定年退職した男性を集めて、彼らにベンチを作ってもらうことにした。コストダウンが図れたうえ、定年退職後、手持ち無沙汰であった方々に仕事ができ、彼らの老後のやる気につながるという効果も生まれた。

コストカットと労働力確保によって関目の街に20個以上、赤いベンチが設置された。当初想定した高齢者だけでなく、帰宅途中の学生、買い物帰りの主婦、営業途中の会社員も気楽に休めるスポットとなった。お話し好きな関西人である。集まる場があれば会話も生まれる。そこは関目の人にとって憩いの場となった。確かに私が大阪を出る頃に

これが関目の赤いベンチだ！

はなんとなく街が一層明るくなったような気がした。

そのうち歌も作られ、ユーチューブで流されるようになった。歌の名前はそのものズバリの「赤いベンチで会いましょう」だ。おかげで私も東京で赤いベンチと関目の街をみることができるようになった。ついには地元のテレビや新聞でも大きく取り上げられるようになった。

今や赤いベンチは関目のシンボルだ。先日、以前のご近所さんとごはんを食べた。彼らによると、岡本さんは、介護士などのアドバイスをもとにベンチの位置などを適正化することも考えているらしい。こうしている間に赤いベンチは進化している。

評論家の樋口恵子氏は高齢者にとって大きな問題は街中にベンチがないことであると主張している。確かに高齢者にとって関心があることは今話題の5Gやフィンテックよりも使い勝手の良いベンチだ。大評論家の樋口氏が指摘する前に関目が動いていたこととなる。

ここにベンチがあれば便利と思う人、行政に陳情くらいはする人もいるだろう。しかし、地元の人を巻き込んで、一つの動きにすることはなかなかできない。素晴らしいのは快適さをハイテクによってではなく、今あるもので一人ひとりが作り上げるということだ。国になんでもは頼れない今、関目のやり方は令和の新しい社会をデザインしている。

そういえば、万博のテーマは「いのち輝く未来社会のデザイン」だ。未来社会と聞くとハイテクにばかり思いが行く。でも未来社会のデザインはローテクを活用した市民の熱い思いからも生まれると確信している。

第3章

イメージ刷新！世界の「OSAKA」への道

大きく変わる西成区

新幹線で新大阪に降りると、そこは大阪市淀川区である。そこから南に下り、大阪駅のある北区、ビジネス街の中央区、繁華街の浪速区を過ぎると、西成区だ（図表3−1）。西成区にはあいりん地区という地域がある。約1平方キロメートルに2万人超が暮らし、その多くがホームレス、日雇い労働者、生活保護受給者などというところだ。かつて、1960年代から2000年代まで放火や略奪行為を伴う24回の暴動があった。私も子どものとき、ニュースなどでそういった話を知り、驚いた記憶がある。白昼堂々、うろつく覚醒剤の売人、アフリカの最貧国並みの結核罹患率《りかん》……。日本の最貧困地域の一つと言われた。

あいりん地区が活況を呈したのは、千里ニュータウンが開発され、1970年に大阪で万博が開催された時期だろう。地方から大阪に仕事を求めて来た人々が急速に増加し、あいりん地区に集結した。1964年の東京オリンピックのときに山谷が労働者街となったのと同じ状況である。

しかしながらあいりん地区では万博後、大きな工事が一巡し、仕事が減っていく。自然と街の活気は失われていった。なお、西成の街の近くには新世界という地域がある。新世界とは通天閣があるところだ。

新世界の歴史を振り返ると1903（明治36）年、天王寺及び現在の新世界で催された第5回内国勧業博覧会をきっかけに整備された。その跡地の東半分には天王寺公園、西半分には中央にシンボルとして通天閣（初代）、その南側に有料遊園地のルナパークが作られた。これを契機に芝居小屋や映画館、多くの飲食店などが集結して発展していった。

図表3-1　大阪市の区割

（出所）西成区役所をともに作成

元来、映画館や演芸場が軒を連ねていた新世界だが、1970年代半ば、大阪経済の地盤沈下が目立ちはじめたときから酔っぱらいの姿が多くなった。こうなると悪循環だ。悲しいことだが、違法薬物などの売人も彼らを標的にした。いつしか、通天閣を中心とした新世界は、一般の人々が立ち寄りにくい街となった。

便利にもかかわらず盛り上がらなかった新今宮駅

大阪市も何もしなかったわけではない。何度もあいりん地区や新世界の再開発や貧困層の救済などを図った。具体的には、動物園前にフェスティバルゲート（ジェットコースターを有する複合施設）やスパワールド（温泉とプール）などを建設した。こうした取り組みは一時的にはカンフル剤となったようにもみえたが、思うほどの効果は上がらなかった。

確かにいくつもの支援団体が作られた。しかしながらこうしたときにありがちな連携不足でうまくいかない。行政もいろいろ試してはみたものの、結局は解決策を見出すことはできなかった。地元の人々は怨念に近い行政不信を抱えていたと聞く。西成騒動も暴力団と癒着した警察官が出てくると、それが人々の怒りに火をつけていた。労働者対行政というだけでなく、新左翼や暴力団も加わり、問題は一層複雑化した。まさに一筋縄ではいかない状況であったとのことだ。

一方で、実はこの地区にある新今宮駅は非常に便利なところだ。南海本線も乗り入れているため、関西国際空港からも好アクセスだ。ラピートという特急に乗るとあっという間に関空である。大阪有数の繁華街・ミナミにも1駅で行ける。JRを使えば、ハルカスが立つ天王寺にも、同じように1駅で出られる。このような良い場所であるのにもかかわらず、治安への懸念からなかなか盛り上がらなかった。

しかし、この地区も環境が急激に改善している。確かに生活保護の問題などはまだあるが、危険な街ではなくなった。改善した理由の一つがここでもインバウンドの拡大だ。あいりん地区には簡易宿泊所が多い。日雇い労働者の街ということもあり、現在でも「1泊1000円」「1泊3000円」という格安宿泊所も珍しくない。それを知った外国人バックパッカーが、あいりん地区の簡易宿泊所を利用するようになったのだ。意外に思われるかもしれないが、新しくできた簡易宿泊所には、シャワーやトイレは共同だが、エアコンやWi-Fiは完備されている。

新型コロナ前のあいりん地区では、アジア系を中心に外国人が大きなキャリーバッグを引きずりながら歩く光景が当たり前になっていた。あいりん地区は古い建物が多いので、全体的に景色が灰色な感じであるのだが、カラフルなファッションの外国人が多くみられるようになった。宿泊施設が賑わい、観光客が増えると、近隣の飲食店や雑貨店にも外国人観光客が流入する。インバウンドによる賑わいが街を元気づけたことは間違いない。

経済学者がリーダーになって改革をけん引

もう一つの理由が地道な改革だ。この地区の改革は多くの人々の努力によってもたらされたのだが、ユニークな点としては経済学者がリーダーの一人となったことだ。その経済学者とは学習院大学教授の鈴木亘氏。鈴木氏は私が日本経済研究センターというところに勉強で出向していたときの研究員でもあるので、この辺の苦労話を聞きに行った。

鈴木氏に聞くと、やはり多くの関係者の利害が複雑に絡まり、最初はなかなか苦労したらしい。その苦労体験は、鈴木氏の著作『経済学者　日本の最貧困地域に挑む――あいりん改革　3年8カ月の全記録』（東洋経済新報社）に記述されている。少し長いが、引用しよう。

「そのとき、私の脳裏に走馬灯のように現れた映像は、ほぼ、その後に起きたできごとを的確に捉えたものだったように思う。

労働組合や活動家たちに怒鳴られ、糾弾されているわが身。ヤクザに脅されているシーン。役人たちの抵抗にあって途方に暮れている姿。新幹線で足しげく東京から大阪に通い、疲労困憊している様子。ずっと家を空けているので、家族関係に危機が生じている状況。最後は、町内会や商店街の人々に『全部お前のせいだ！ さっさと東京に帰れ！』と石を投げつけられている場面まで浮かんだ（幸いなことに、それだけはまだ実現していない）」

改めて関係者の方々の努力に頭が下がる。この著作のなかで一番泣けるところかもしれない。では、どのようにしてこの困難を解決できたのであろうか。もちろん議論に参加している人々の熱心さもあると思うが、鈴木氏が指摘することによると、アゴラというやり方がうまくいったようだ。

アゴラというのは広場という意味であるが、関係する人が全て一堂に会してみんなで議論するというやり方だ。普通は一部の人が裏で調整し、それを総会にかけて短時間で終わるのが一般的である。しかし問題が複雑であれば、そういう裏調整よりはアゴラ方式がよいとのことだ。

なぜアゴラがうまくいくのか。それは全員がメンバーだということにつきる。一部の人で話を進めると、その話題に入っていなかった人が疎外感や猜疑心を持ち、抵抗勢力になってしまうとのことだ。しかしアゴラだと誰もが議論の流れをみることができるし、議論が進むほど、全員が他人の事情を理解したり、自分勝手な意見を言う人を意外な人が諭したりという効果があるということらしい。

もう一つ鈴木氏の話で納得できるものがあった。それはリーダーの熱意ということだ。現場で仕事をしている人にとって、中途半端な改革を行うリーダー、すぐに辞める腰掛けのリーダーについていくことは大きなリスクである。途中ではしごを外されて、痛い目に遭うのは結局現場だからである。こうしたなか、現場で汗をかいている人々から協力を得たり、自発的に動いてもらったりするためには、どんなに怒号や批判を浴びても辞めず、最後まで改革をやり遂げるリーダーであることを信じてもらう必要がある。

しかしそれは簡単ではない。単なる口約束ではなく、本気のリーダーでなければ絶対やらない行動をすることで、現場の人々から信頼を勝ち取らなければならない。つまり、言葉もちろん大事であるが、最後はやはり行動と態度ということだ。

さらに修羅場で本当の人間性がわかるということも聞いた。日頃威張っている人が困難な問題の会合で小さくなっていたり、逆にいつもは目立たないような人がそういうときには腹が据わっていたりすることもあった。最後はリーダーも現場も人間力が大事なのだ。

これからいろいろな地域で複雑な問題が出てくるだろう。しかし西成の成功例はもっと研究されてよいはずだ。

「西成騒動」は過去のものになるのか

さて、先ほど申し上げたとおり、通天閣はこの西成地区に近い。昔を知る人ほど、通天閣の周りには行きたがらない。しかし、私が大阪に住んでいる時代は、非常に元気が良い観光地となっており、友人などを連れていくと誰もが喜ぶ場所となっている。串カツなどがおいしいうえ、店員さんもフレンドリーだ。こっちが少々わがままな注文をしても、それに応えてくれたり、応じられなくても大阪らしい面白い切り返しをしてきたりするので、いつも楽しい思いをさせてくれる。

高級旅館などを運営する星野リゾートの進出計画が発表されたことも、街にとっては追い風になっている。その内容は、新今宮駅の北側に大型観光ホテルを建設するというものだ。もともとは大阪市の市有地でおよそ1・4ヘクタールの空き地であった。現在の計画では、温泉施設やカフェなどを有した14階建ての観光ホテルを2022年春にオープン予定だ。

このニュースは関西でも大きく報じられたが、東京でもよく聞かれるニュースとなった。海外などをみても治安が悪いと言われた地域が再開発などを契機に安全で楽しめる街に変わるケースは多々ある。西成もそのように変わり、「西成騒動」が過去のものになることを期待したい。

大阪に南北問題がある理由

大阪では大阪駅周辺の「キタ」地域、インバウンド需要で盛り上がる「ミナミ」と呼ばれる難波駅界隈は賑わいをみせる。キタでは大阪駅も改装工事が進み、後述するがスタートアップの拠点となりつつある。ミナミも難波あたりはインバウンド景気もあって新型コロナ前まではかなり好調であった。例えば2018年には大阪でちょっとした事件があった。1970年の調査開始以降、大阪の商業地の最高価格はキタ地区であったが、2018年、初めてミナミ地区がトップに躍り出た。この背景にはミナミが培ってきた個性を発揮し、ミニ東京になっていないということが指摘できる。多様なお店が多い心斎橋筋、昔の風情を残す法善寺横丁、厨房道具で有名な道具屋筋、食べ歩きの黒門市場など道ごとに個性がある。道頓堀沿いにはグリコの看板などSNSで映《ば》えるものがある。

食事もたこ焼きや串カツなどがおいしい。道頓堀クルーズで大阪が水の都であることも体験できる。店員さんもとてもフレンドリーで、多くの観光客が彼らの話術に魅了される。こうしたことが外国人観光客の間で「ミナミは楽しい」という評判を生み、外国人観光客がさらに増えるという好循環が生まれていた。

一方で、こうした大阪復活的な話はいわゆるミナミまでであった。ミナミよりもっと南、難波近辺よりも南側は国内外の観光客が少ない傾向がある。のんびりしていて味わいがあるので、個人的には好きな地域であるが、もう少し元気が欲しいのも事実だ。実際、延べ宿泊者数をみると、85％が大阪市内で、堺・南河内・泉州地域は関空が近いにもかかわらず、

10%程度しかない。こうした状況は「大阪の南北問題」と言われる。

観光名所がないわけではない。堺地域名産の刃物を紹介している「堺刃物ミュージアム」や岸和田城・岸和田だんじり会館などがある。また堺の刃物、泉州タオルといった名産もある。泉州の水ナスなど、意外と農業の基盤も充実している。これだけみると、十分にポテンシャルはある。

結局のところ、「ミナミより南側」の大阪は地元の観光資源を十分に活用しきれていないのだ。それぞれは素晴らしいものを持っているが、単体では力不足でもあるので何かキーとなるものを使って、それぞれをうまく連携させていく必要がある。そうしたなか、百舌鳥・古市古墳群が世界遺産に指定された。南北問題の解決には世界遺産をうまく活用することが重要である。なぜここで世界遺産を出してくるのか。それは世界遺産には大きな経済効果があるからである。

世界遺産の効果はどれくらいなのか

いろいろなところで講演会をさせていただいて、意外と聴衆の方々の食い付きが良いのが世界遺産の経済効果だ。全国各地で世界遺産登録を目指していることを感じる。ではいったいどれくらいの経済効果があるのだろうか？

過去の世界遺産登録に伴う経済効果を各地域のシンクタンクなどが発表した試算でみると、観光客増加を主因に、登録直後は数十億円から数百億円程度の経済波及効果が発生しているところが多い。また、２０１５年の明治日本の産業革命遺産登録時の山口県のように、世界遺産登録と同時期にＮＨＫ大河ドラマのモデルとなったケースでは経済効果は一層大きくなる。

それでは百舌鳥・古市古墳群を抱える堺地域について考えてみよう。細かい話は省略するが、堺市への観光客数の伸び、顧客単価などを考えると、経済波及効果は約１００億円となる。さらに関空に近いというメリットなどを考えれば、対応次第でこれを大きく上回る経済効果が得られる余地はある。

確かに新型コロナによって観光振興が難しくなっているが、安倍政権の「新型コロナ後の国内観光強化」が実施されれば、国内屈指の知名度を誇る百舌鳥・古市古墳群は観光地として栄えるはずだ。ただし、こうした試算は登録直後の単年ベースであることに留意が必要である。過去の事例をみると、登録直後は観光客が急増するものの、ブームの後のなんとやらで、その後は往々にして効果が一巡してしまうケースがみられる。

例えば石見銀山では、2007年7月に世界遺産に登録されると、メインの観光ルートである石見銀山観光坑道（龍源寺間歩）の年間見学者数が4倍以上に急増したものの、その後は減少傾向が続いている。富岡製糸場も2014年6月に世界遺産登録、同年12月に国宝に指定されたときには入場者数が134万人と前年の31万人から4倍以上に増加したものの、その後は減少傾向が続き、2018年度は52万人となった。これらの事例からは、観光面において世界遺産というブランド効果は永続的なものではないことを示唆している。

一方で、世界遺産に登録されても観光客が増加しなかったケースもある。例えば「日光の社寺」は1999年に世界遺産に登録されたが、マーケティングなどを強化せず、世界遺産登録が世間に浸透しなかった結果、ブームとならなかった。その結果、日光市への観光客数は1999年には約1300万人であったが、2011年には約800万人まで低下した。

その後、日光市の観光客数は増加に転じ、足元では1200万人まで回復しているが、これは東武鉄道のSLの投入、JRのデスティネーションキャンペーン、インバウンド対応の強化、２０１５年の東照宮四百年式年大祭などが奏功したものとみられる。確かに世界遺産というブランドが回復を後押しした面があるものの、時系列をみれば様々な工夫を積み重ねたことが実を結んだとみるのが妥当である。

さらに、国内の世界文化遺産は既に19件（自然遺産は４件）存在するなか、希少価値は以前ほどはなく、世界遺産登録が即座に地域活性化につながるとは言い難くなっている。確かに国内の世界遺産を全てあげられる人は少ないであろう。こうした結果を踏まえると、世界遺産というブランドだけでは、プラス効果があっても一時的であり、希少性も薄れるなか、適切な取り組みがあってこそ持続的な経済効果が発揮できるものといえよう。

大阪南北問題解決の切り札？　グレーターミナミ構想

大阪の南北問題についていろいろ言及してきたが、最近の大阪の良いところとして、問題が放置されているのではなく、その解決がみえてきていることだ。世界遺産以外にも新しい動きがみられる。

具体的には大阪商工会議所が２０１９年４月に公表した「グレーターミナミ構想」であ

図表3-2　グレーターミナミ構想のエリア

〈グレーターミナミとは〉

- 難波、新今宮、阿倍野・天王寺・上本町エリアを基点に、大阪府南部に広がる、泉州9市4町と南河内6市2町1村を含む地域。
- 難波、新今宮、阿倍野・天王寺・上本町エリアを「**グレーターミナミ・シティ**」と呼ぶ。

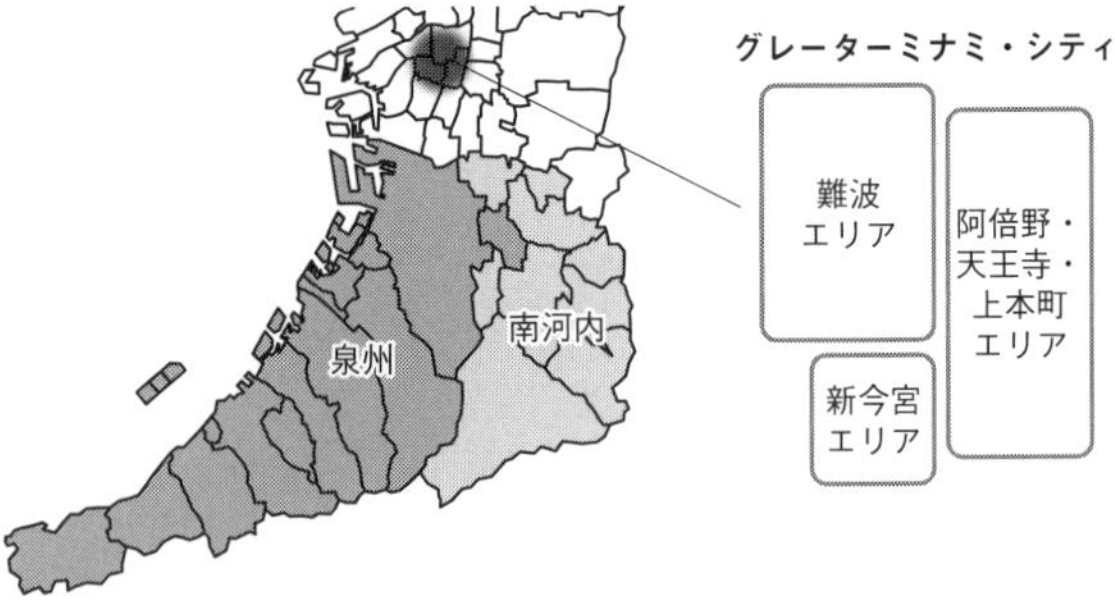

（出所）大阪商工会議所プレスリリース（2019年4月12日）をもとに作成

る。これは大阪・難波から南の新今宮や阿倍野などの大阪市都心部を基点に、府南部に広がる堺市や岸和田市などを含む計16市6町1村の地域を「グレーターミナミ」と名付け、この一帯を盛り上げようとする計画だ（図表3－2）。

具体的には、アジアのベンチャービジネスを受け入れる拠点の設置や、高度先進農水産業の育成、訪日客のための体験型観光プログラムの開催などを提案している。今後、大阪商工会議所は、泉州地域の商工会議所などと連携しながら行政へも働きかけ、提言の実現を目指していくこととしている。

このなかで私が注目しているのは、24時間空港である関空を生かすため、グレーターミナミを、24時間稼働する都市として整備するというものだ。交通インフラや飲食店など、インバウンド関連サービスの24時間化を進め、観光都市としての魅力を高めることを目指している。もし大阪南部が24時間空港の近隣というメリットを生かして眠らない街となれば、全国の空港近辺の自治体にとって参考にすべき事例となりそうである。

大阪南部は前述のとおり、観光資源もあるほか空港も近い。農業・工業もある。しかしこうした特性がこれまで有機的に結びついてこなかった。また全国へのアピール力も大阪の他の地域に比べて弱かった。

今回のような、大阪南部が連携する計画が、民間から出てきたのは、まさに商人の街「大阪」らしい取り組みとして注目される。今後の大阪南部の動きに要注目である。

夢洲から始まる西日本クルーズ

観光の話で、これから有望な分野を紹介したい。それは夢洲から始まる西日本クルーズのポテンシャルだ。

日本総研には様々なバックグラウンドを持つ人が集うが、海上自衛隊の艦長という異色の経歴のコンサルタントがいる。彼によると、任務で瀬戸内海を航行していると、それはとても美しく、エーゲ海に例えられるのも理解できるとのことである。

さて、世界の富裕層はクルーズ船が大好きである。お金持ちは荷物が多いのでホテル間の移動を避けたいと思うらしく、一度船に荷物を載せると、船が観光地に向かってくれるクルーズ船はとても重宝なようだ。つまり、彼らはクルーズ船をホテルと移動手段の両方として活用している。また、クルーズ船は顧客と従業員の比率が1対1に近いため、かなりきめ細かいサービスを受けられることも有り難いらしい。

夢洲は港であるので、クルーズ船が寄港することが可能だ。クルーズ船やヨットなどの船を使った富裕層向けサービスが夢洲開発を機に進むことを期待したい。また、フライ&クルーズといって、世界中から観光地の近くまで飛行機で飛んで、その後クルーズ船に乗る動きも人気が出ている。関空の近くにある夢洲はその観点からも有望だ。

関西で取材すると、瀬戸内海の島から夢洲までのクルーズ船を出すことを検討している事業者が多いことに驚く。そもそも大阪は明治時代、「水の都」と呼ばれていたが、近年では、かつての遠い記憶となってしまった。2001年に内閣官房都市再生本部によって都市再生プロジェクトに指定されたことが契機となり、以降「水の都」を取り戻すべく、水辺の生活を活気ある賑やかな場へと再生するための様々な試みを展開してきているが、夢洲クルーズもこうした取り組みと連携していくことが重要だ。

新型コロナによってクルーズ船人気は衰えるという意見もある。しかしながら、観光業界では意外と強気だ。どうやら、クルーズ船による豪勢な旅というのは一度経験するとやめられない魅力があるらしい。

観光分野での大阪のすごさは理解してもらったと思うが、もう一つ有望な産業の話をしたい。それは医療産業だ。新型コロナでも痛感した方が多いと思うが、医療産業は輸入に頼るのではなく、国産化していかなければ国民の健康にとって大きな問題が生まれるリスクがある。それでは関西の医療産業はどうであろうか？　ここでは近隣の有力プレーヤーである京都大学・神戸大学の実力も世界をリードしているので、大阪ではなく関西というくくりでみたい。

実は「西高東低」の医療分野

まず関西の医療のすごさといえば、医療都市の存在だ。まず、北大阪健康医療都市（健都）と言われる地域がある。大阪北部の吹田市と摂津市では、2019年7月に国立循環器病研究センターが吹田操車場跡地へ移転することを契機に「健康・医療のまちづくり」を進めており、国立循環器病研究センターを中心とした国際級の医療クラスターの実現に向けて取り組みを強化している。

さらに大阪で期待が高まるのは、JR大阪駅から直線距離で2㎞以内、車で10分くらいのところにある中之島で建設が進む未来医療国際拠点だ。これは再生医療をベースにゲノム医療や人工知能（AI）、IoTの活用など、今後の医療技術の進歩に即応した最先端の「未来医療」の産業化を推進する取り組みで、2023年に施設竣工を目指している。この未来医療国際拠点は、医療機関と企業、スタートアップ、支援機関などが一つ屋根の下に集積することを特徴としており、日本ではこうした施設は数少ない。つまり、中之島には医療とスタートアップと研究機関のコラボレーションの最先端となりうる可能性があるのだ。

大阪から関西全体に目を向けると、神戸医療産業都市が注目される。神戸医療産業都市とは1995年1月17日に発生した阪神・淡路大震災で大きな被害を受けた神戸の経済を立て直すため、震災復興事業として「神戸医療産業都市構想」が作られたことから話は始まる。「日本初のライフサイエンス（健康科学）分野のクラスター」を目指すプロジェクトとして進められ、2017年12月現在で約350の先端医療の研究機関、高度専門病院群、企業や大学の集積が進み、日本最大のバイオメディカルクラスターに成長したものだ。

具体的にはiPS細胞などを用いた再生医療実用化の推進、臨床医の参画による国際競争力が高い医療機器などの開発、神戸発の革新的医薬品開発の推進などを進めている。読者にとってはこうした実務的な話も興味があると思うが、このプロジェクトを推進している神戸医療産業都市推進機構の理事長がノーベル賞受賞者の本庶佑氏であるという方が印象に残るかもしれない。

次に関西の医療産業を具体的な生産額などからみてみよう（図表3-3）。大阪府の医療生産額は全国3位、製造所数は全国2位である。また、武田薬品工業、小野薬品工業、塩野義製薬、田辺三菱製薬など日本を代表する製薬会社で大阪に本社を置くところは多い。

図表3-3　大阪は日本の医薬品の重要拠点

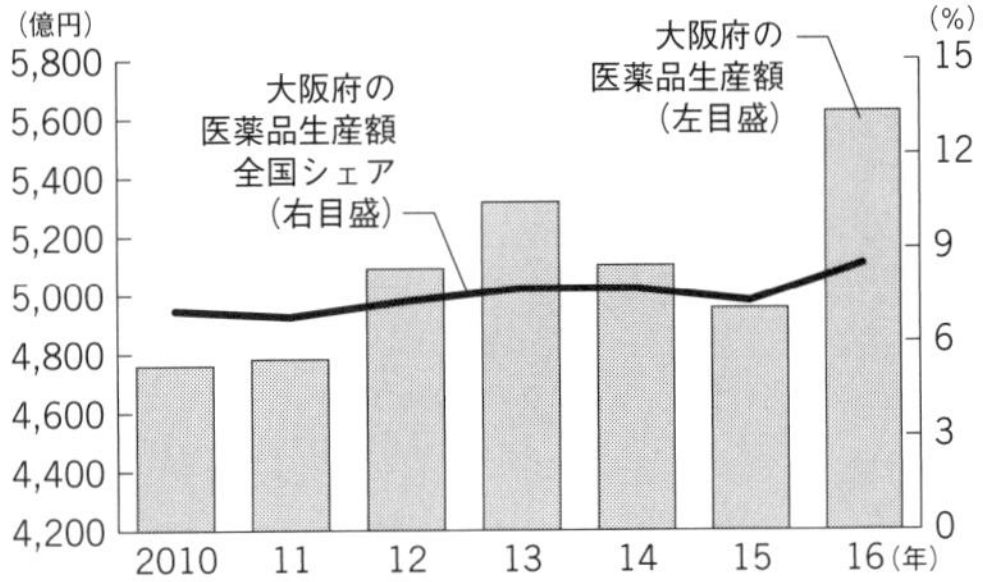

順位	都道府県	金額(億円)	全国シェア
1	富山県	6,218	9.4%
2	東京都	6,058	9.1%
3	大阪府	5,625	8.5%
4	静岡県	5,487	8.3%
5	埼玉県	5,176	7.8%

順位	都道府県	製造所数	従業者数
1	東京都	151	4,340
2	大阪府	141	7,278
3	兵庫県	88	4,112
4	富山県	86	3,864
5	静岡県	85	8,782

（出所）厚生労働省「薬事工業生産動態統計調査」

さて、関西の医療界の実力を他の角度からみてみよう。上昌広氏の研究によると、2009年1月から2012年1月までの間に全国の大学病院を対象に所属する医師100人当たりが発表した臨床論文数では、1位が京大、2位が名古屋大学、3位が大阪大学で西高東低の傾向がある（『ヤバい医学部──なぜ最強学部であり続けるのか』〔日本評論社〕より）。

では、なぜ医学分野が際立って強いのか。キーワードは「ビッグサイエンス」「スモールサイエンス」だ。ビッグサイエンスとは、多額の資金がかかる研究分野のこと。「ヒッグス粒子」の解明に大型の加速器を必要とした物理学などが当たる。これに比べ、医学は割に予算が少なくて済むスモールサイエンスだ。

官僚や政治家との接点が多い東京大学は研究予算獲得の面で有利とされ、実際に研究費が最も潤沢だ。私が聞いたところ、東大の先生は資金調達のための「文部科学省詣で」をあまりしないらしいが、京大・阪大はことあるごとに挨拶に出向き、少しでも研究資金を確保しようとするらしい。

その結果、関西勢は巨額資金が必要な分野ではなく、少ないお金でアイデア勝負となる医学系の研究活動が盛んになった。また、ノーベル賞を取った本庶氏から聞いた話であるが、当時免疫療法は絶対不可能な治療法と言われていたなかで研究を進めた。こうしたことは東京では絶対無理だったと本庶氏は言っている。なぜならば東京では主流派の力が強く、異端に対しては厳しいところがあるからである。教科書をうのみにせず、主流派と違う独創的な研究をしたからこそ、本庶氏はノーベル賞を受賞したのだ。本庶氏の言葉は重い。

新型コロナ関係ではアンジェスの動きが面白い。アンジェスは日本のバイオベンチャーのパイオニアであり、2002年には大学創発型ベンチャーとして初めて東証マザーズに上場した実力と実績のある企業である。当時、阪大の助教授であった森下竜一氏が創業した企業で、大阪・関西を代表する医療系ベンチャーだ。

アンジェスは、現在実施している動物試験の進捗が順調なことなどから、厚生労働省と協議して新型コロナワクチンの臨床試験を前倒しする方針を固めた。大阪府市、阪大、大阪市立大学、大阪府立大学、府市の病院機構といったところも協力しており、オール大阪でワクチン開発が進む予定だ。

そして当初の2020年9月開始の予定を早め、6月末に日本で初めて治験を開始した。

そして10月にはその安全性を確認したうえで数百名程度の規模に拡大することとなっている。そして、2020年中には10万～20万本の規模での製造が可能との計画である。

ぜひ、大阪・関西系医療企業の偉大さをこれからも発揮してほしい。また、塩野義製薬も新型コロナウイルス感染症に対する予防ワクチンの開発を正式に決定したと発表した。塩野義製薬はもともと感染症に強い企業だ。ぜひとも今後に期待したい。本当に大阪が日本、そして世界を救う時代が来ているのだ。

コラム3 西成を歩いて

数年前、経済団体のある方に誘われて西成の貧困問題などに取り組んでいるNPOの方が主催しているツアーに参加することがあった。西成はメディアなどで報じられることも多いので、ある程度イメージはつかめていたが実際に歩く機会はなかなかない。そこで大阪を知る良い機会と思って参加した。

思ったよりきれいなところで、飲み屋も多い。インバウンドが増えて海外のバックパッカーも多かった。もちろん、西成にある宿は窓がないところが多く、そこでは結核菌が残りやすいため、結核患者は今でも多いなど、まだまだ大きな問題を抱えてはいる。しかしながら、前述した学習院大学の鈴木亘氏の取り組みなどもあってだいぶ改善してきている。昔はビニールテントなどがたくさんあったということらしいが、私が見学した際はほとんどみかけなかった。

日雇い労働者の問題などは改善しているものの、家賃が安いこともあって高齢者、シングルマザー、外国人などが住んでおり、これまでとは違う問題も発生している。西成区における一人暮らし高齢者出現率は1995年に43・3%、2000年に49・6%、2005年に60・7%、2010年に66・1%となっており、その増加率には考えさせられるものがある。日雇い労働者の問題から社会福祉の方に問題がシフトしているようにも感じた。

NPOの方から言われたのは地元の人から声をかけられたときには「勉強のために来ました」と言ってほしいとのことだ。一人暮らしの人も多いので誰かに声をかけたい人も多いのかもしれない。見知らぬ者同士で飲むこともよくある街らしいが、互いに過去には触れないという不文律もある。やはり苦労してきた人が多いので自分のことは語りたくないのだろう。

人が生活しているところなので単なる物見遊山で来られると地元の人も迷惑と思う気持ちもわかる。ただ日本の問題の縮図があるのも事実である。勉強するために西成を訪れること自体は悪くない。ただし地元の人に対して迷惑をかけない方法で、リスペクトを持ちながら接していくことが大事である。

あれほど問題を抱えていた西成がここまで変化できるということを知ると、本気になればどんな改革でもできるという思いが強くなる。

第4章

万博で何が変わるのか

万博は大阪にとっての式年遷宮である

万博が決まって以降、様々なところで講演会などをさせていただいているが、そこで痛感することが一つある。それは大阪にとって万博は一種の式年遷宮であるということだ。

式年遷宮とは大きな神社や仏閣が数十年に1度、建物を建て替えること、古くなったものを建て替えるという意味もあるのだが、伝統技術を若い世代に伝えていく効果もある。

1970年の万博は50年前の話であり、当時のことを知らない若い世代は非常に多い。また当時を知る世代も細かい話は今では忘れているというのが現実であろう。しかし2025年に万博を開催することになったため、現役世代は当時の世代に真剣に話を聞くようになっている。それによって当時の知識や経験が若い人に伝わるという副次的な効果をもたらしていることを感じる。

私は1974年生まれであるので1970年万博のときには生まれていない。ただし万博決定以降、1970年万博のときの空気や現代にも活用できそうな経験、そして、現代人が失ってしまった活気なども教えてもらった。このように今、大阪では万博時代の経験を語り合うことで先輩世代と現役世代の間でコミュニケーションが生まれている。どの地域でも40年か50年に1回は大きなイベントをすることによって、地域ぐるみで事業承継を果たしていくということが後の世代を育てるために必要なのであろう。

そんな万博だが、松井一郎氏や橋下徹氏が誘致を言い始めたときは「維新の会が勝手なことを言っている」「誰がお金を出すのか」といった空気であった。結果として盛り上がり始めたのは実は誘致決定の半年前ぐらいからだ。

講演会では基本的に経済の話をするのだが、マクロ経済の話は新聞に書いてある話とそんなに違わないので、結構寝ている人もいる。カジノ付き統合型リゾート（ＩＲ）の話は興味ある人半分、怪訝そうな顔をする人が半分という感じだ。ただし、後半に入り、万博の話をすると、皆目がランランとするようになった。やはり大阪にとって万博は特別なイベントだ。２０２５年の経済効果の話をするよりも１９７０年万博の昔話の方が皆元気になるのが大変印象的であった。

ちなみに、万博の投票は各国大使が押しボタンで投票し、誰が投票したかはわからない。そのなかで一つ私が感動した話を書こう。某国の大使が日本の外交官に「私は昔、日本に行って日本人、とりわけ関西人に優しくしてもらった。本国からは別の国に投票するようにと言われているが私は絶対日本に投票する」と語った。

もちろん彼が本当にどう投票したかはわからない。ただそういった話を聞くと我々の先輩たちがどれだけ海外に貢献してきたのかと、日本人であることが大変誇らしく思える。

「今さら万博?」という冷めたあなたに

万博について講演会をしていると、「万博は過去のものではないか」という質問を受けることが多い。確かにVRやARなど在宅で楽しめるものが増えているなか、万博はもしかしたら時代遅れなのでは、という指摘も一理ある。しかし、1970年の万博のときにも同じような話があった。

マーシャル・マクルーハンという当時有名な社会学者がいたのだが、彼は「テレビをみれば楽しめるので万博会場に行くやつはいない」とコメントした。それをみて日本側の万博企画者は真っ青になったらしいが、ふたをあけてみると、大盛況であった。

この話は堺屋太一氏の『地上最大の行事　万国博覧会』（光文社新書）という本を読んで

初めて知ったことであるが、堺屋氏によると、体験型と伝達型でエンターテインメントの性質は異なり、両方が存在しうるという指摘をしている。現代でも家庭用ゲーム機は非常に優れているが、東京ディズニーランド・ディズニーシー、夢洲の近くのユニバーサル・スタジオ・ジャパン（ＵＳＪ）は毎日のように活況を呈している。

２０２５年の万博では、ネットでのコンテンツ配信も目玉にする予定だ。「ただみせるだけ」ではない、リアルとネットとの融合を目指す。デジタルコンテンツ制作会社のチームラボの活動などをみると、美術をみせるということと、美術のなかを体感するということをうまく組み合わせている。お祭り感、特別感を味わいたいのは人間の本能かもしれない。

１９６４年の東京オリンピックも開催直前まで盛り上がらなかったそうだ。１９７０年の大阪万博も開催初日は予想の半分の来場者だったが、最後は大成功を収めた。どうやら日本は事前に盛り上がらなくても、急激に盛り上がることが可能な国らしい。２０２５年の万博もうまくいくことを願うばかりである。

オリンピックより実は大きい経済効果

先日、日本総研は東京オリパラの経済効果を発表した。約6000億円である。これは開催期間中の経済効果、つまりイベント開催の消費効果を中心にしているので建設関係の効果は入っていない。1カ月間で6000億円というのは年率換算すると約7兆円になるので瞬間風速的にはかなり大きな経済効果をもたらすと考えられている。やはりオリンピックはすごい。ただし、大会の規模縮小も議論されており、これよりも経済効果が小さくなるリスクに注意が必要である。

一方で、万博開催期間中の経済効果は半年間で1・5兆円である。瞬間風速的には負けるがイベント単位の金額では東京オリパラよりも経済効果が大きい。東京都のGDPは約100兆円、大阪のGDPが約40兆円、関西が約80兆円だ。こう考えると、万博で大騒ぎする大阪・関西人の気持ちがよくわかるのではないか。

最近の海外の万博による経済効果をみてみよう。まず2000年のドイツ・ハノーヴァー万博。1200億円の赤字となったが、1・4兆円の経済効果があったとのことだ。

２０１０年の上海万博では１４５億円の黒字で経済効果は２・９兆〜19・４兆円あった。やや範囲が大きすぎる気もするが、金額が大きいことは間違いなさそうだ。直近は２０１５年のミラノ万博であるが、30億円の黒字で経済効果が４・２兆円だ。

実はミラノ万博は食をテーマにしたイベントであった。万博にしてはテーマを絞りすぎている感じもするが、食べ物だけで４・２兆円の経済効果を出したのは大したものといえる。

海外の事例をみると、２０２５年万博の１・５兆円（建設関連を除くベース）というのはなんとおしとやかな目標だろうか。万博は半年間毎日開催されるからこそ、経済効果は大きくなるのである。東京の人に興味を持っていただきたいのは、瞬間風速はさておき、開催期間中の全体の経済効果としては万博の方が大きいということだ。東京オリパラで大きなビジネスが取れなかった方も、大阪では大きなチャンスをモノにしてほしい。

１９７０年万博の良さは、理念・エンターテインメント性・希望を重視した全体設計だ。１９７０年万博の特徴としては、理念や理想を真剣に考えるテーマ性と、来場者が純粋に楽しめるエンターテインメント性、独創的で希望を感じさせる未来像の提示の三点がうまく融合できていた。具体的には、１９７０年万博のテーマは「人類の進歩と調和」であるが、元文化庁長官の近藤誠一氏や元大阪大学総長の鷲田清一氏などが「現代でも通用する」と指摘したように、先見性が高く、崇高な理念が示されていた（関西・大阪21世紀協会「KANSAI・OSAKA文化力119号」より）。また、丹下健三と岡本太郎が協働した、お祭り広場と太陽の塔で有名なシンボルゾーンでは非常に高い抽象性・メッセージ性が表現されていた。

一方で、月の石を展示した米国館、スプートニク1号を展示したソ連館といった各国パビリオンや、三洋電機（現・パナソニック）の人間洗濯機など、企業館はエンターテインメント性を発揮した。また、UFOのような球体が空中に浮かんだ住友童話館や高さ127・4メートルのエキスポタワーは未来の空中都市をイメージさせていたほか、動く歩道、ワイヤレス電話、テレビ電話、360度全天周スクリーン、音声認識で動くクレーンゲーム機などが導入されたように、その後普及した技術のショーケースともなった。当時を知る方から「戦争から25年経ち、高度経済成長もあり、日本人皆が自信に溢れていた。展示もまさに未来都市を感じさせるもの。未来は絶対今よりも良くなると信じて疑わなかった」と聞かされたとき、1970年万博のインパクトを痛感した。

さて、1970年万博がこのような形となったのは、過去の3つの万博の特徴が各階層に違った形で影響を及ぼしたからと考えられる。

階層的に影響を及ぼした3つの万博

1958年のブリュッセル万博は、科学文明とヒューマニズムの追求というテーマ性を充実させたものであった。一方で、1964年のニューヨーク万博はウォルト・ディズニーなどが高度なディスプレイ技術を積極的に活用したことにみられるとおり、エンターテインメント性が高い万博であった。例えば、「イッツ・ア・スモール・ワールド」はディズニーが企画したペプシ館で好評であったので、その後ディズニーランドのコンテンツになったものである。

そして、1967年のモントリオール万博では独創的な世界的建築家であるバックミンスター・フラーやフライ・オットーらを起用し、従来の建築物とは全く異なるパビリオンを多く設置し、未来都市を演出した。

日本では、日本万国博覧会協会（以下、万博協会）事務総長などのトップレベルがブリュッセルに、万博の主催者である博覧会国際事務局（ＢＩＥ）申請などを行った万博協会の関係者や、一部の先進的なディスプレイ担当者はニューヨークに影響を受けた。開催が決まった後に準備を進めた現場担当者はモントリオールを参考にしたと言われている。

つまり、１９７０年の万博はブリュッセル、ニューヨーク、モントリオールの良い点をうまくハイブリッドしたものだったのだ。日本人は海外の良いものを取り入れるのがうまいとよく言われるが、万博もまさにそういった日本人の良さが発揮されたものであった。

日本の知性が集結！

１９７０年万博の最も素晴らしいところはオールジャパン体制で人材を投入したことである。１９７０年万博の特徴としては、テーマ作成に日本のトップレベルの人材を投入したことがあげられる。旧通商産業省の初代デザイン課長で戦後日本のデザイン行政の推進役である新井真一万博協会事務総長のもと、構想立案には湯川秀樹、井深大、武者小路実篤、大佛次郎、大来佐武郎、丹下健三などの当時の日本を代表する研究者・実業家・知識人18名が結集した。

さらに、日本の文化人類学のパイオニアである梅棹忠夫、メディア論の加藤秀俊氏、作家デビュー間もない小松左京らが、国・大阪府などから依頼されるでもなく、自発的に勉強会（万国博を考える会）を立ち上げ、多角的に万博を検討し続けた。そしてこの会の成果は最終的にテーマや基本理念に織り込まれることとなった。

また、学者やデザイナーといった表に出る部分だけでなく、裏方にも有能な人材を登用したことも注目に値する。例えば、鈴木俊一（元東京都知事）は東京都副知事後、新井の後に事務総長を引き継ぎ、万博開催に向けて調整を行った。1970年万博は地元の人材だけでなく、日本中から多種多様な人材が、表舞台から裏方まで活用されたことに特徴がある。

同時に、半年間の「祭り」では、若手や前衛芸術家に活躍の場を与えた。準備に投入された人材にはイサム・ノグチなど当時の大御所的な人物もいたが、若手やいわゆる「前衛」「アングラ」芸術家が数多く投入されたことも指摘できる。具体的には、磯崎新氏（当時38歳）、黒川紀章（同35歳）、横尾忠則氏（同33歳）、石岡瑛子（同31歳）、コシノジュンコ氏（同30歳）、ちばてつや氏（同30歳）など、その後大活躍する人材が積極的に登用された。

当時の雰囲気を象徴するエピソードとして、横尾忠則氏のエキセントリックなデザインで有名になった「せんい館」にまつわるものがある。出展組織の日本繊維産業連盟会長（当時）の東洋紡の谷口豊三郎は「あなたの芸術論は全く理解できない。だが情熱はわかった。いいだろう。好きにやってくれ」と発言したと言われている。確かに、戦争の影響もあり、当時40～50代の人材が不足していたという事情もあるが、この話に示されるとおり、主催者側に「若手に思い切って任せよう」とする空気があったことが大きいとみられる。

なお、建築家ではない横尾忠則氏が起用された背景には、半年経てば解体されるものについては、あえて有名な建築家を使うよりも、芸術家の表現力に重きを置いたことも指摘されている。

「新しさ」が日本を動かした

最後に、技術だけでなく新しいビジネス手法を導入したことだ。１９７０年代の万博を契機に産業界の近代化が行われたことも多かった。例えば、展示業界などでは①全国レベルの業界団体の設立、②業種ごとの分散発注による入札方式、③プロデューサーシステムの導入、④ジョイントベンチャー方式の導入、⑤海外事業者との提携など、現在では当たり前となっている様々な方法が取り入れられた。

当時の人々が経験したことがない巨大なイベント、工事は万博開催の1年前に集中、人手不足で増員もできない、という厳しい条件のもとで、遅延を避けるために様々な手法が取られたのだ。展示・建設業界では巨大なプロジェクトを工期の遅れなく成功させたことに自信を深め、当時確立した手法を「万博方式」と名付け、その後の沖縄海洋博などの大型プロジェクトに活用するようになった。また、東京オリンピックのときに初めて使用されたピクトグラム(例えば非常口などの文字を使わず絵で表現する手法)も現在に至るまで活用されている。

さて、万博の意外なレガシーをご存じだろうか。それは東京オリンピック時に開業した新幹線の強化である。当時の国鉄は、1970年万博に大掛かりな出展を予定していたが、経営が悪化して赤字になったため、出展を見合わせた。代わりに注力したのが、新幹線の強化である。具体的には、万博に際して、名古屋~新大阪駅間の臨時列車「エキスポ号」の投入、ひかり号の12両から16両への増結、こだま号の1時間3本から6本への増発などである。国鉄は新幹線を「万国博の動くパビリオン」と呼んだとのことだ。個人的には新幹線を強化するよりパビリオンを作った方が安上がりな気もするが、何はともあれ、オリンピックが新幹線を作り、万博が育てたということは確実だ。

幻となった1940年の東京万博

万博を複数回開催し、G20サミットも開催した都市は、ロンドンと大阪しかない。冒頭に申し上げたが、万博は地上最大の行事であるし、G20サミットはVIPが集まるイベントのなかで最もステータスが高いものだ。それらを成功させた大阪というのは世界的にみてトップレベルのイベント都市といえる。

外務省関係者などと話をすると、大阪のイベント開催力を高く評価している。一つは大きなホテルの多さである。大阪で足りなければ神戸・京都などを活用すれば多くの客室を確保できる。また、大阪でイベントをした際、神戸、京都、奈良などの観光地を回ることができることから、観光の広がりが大きいともいえる。またG20サミットを通じて国家要人の警護やおもてなしの経験をしている人々が増えた点も指摘できるだろう。

東京で大きなイベントを開催すると、東京の様々な機能が停止してしまい、混乱が生じる可能性がある。今後は在宅勤務などが進みそうであるが、東京のように過密な大都市では国際イベントの頻度はある程度絞ることが大事かもしれない。そういった意味では国際的なイベントの開催都市としては、日本で一番ポテンシャルがあるのは大阪・関西といえそうだ。

2020年に東京オリパラが開かれる予定だったので、戦前に幻のオリンピックがあったという話は結構知られてきていると思う。NHK大河ドラマの「いだてん〜東京オリムピック噺《ばなし》〜」でも描かれた話だ。第二次世界大戦があったので東京オリンピックが開催されなかったわけだが、実は同じ年に東京で万博が開かれる予定であった。

大阪ではない、東京での万博である。1934年に日本万国博覧会協会が結成され、1937年には「東西文化の融合」という開催テーマが決定、月島地区の埋立地や公園など約45万坪の広大な土地が会場予定地として確保された。当時事務局はオリンピックよりも万博の方が人員が多く、そういった意味で、実は万博は東京がオリンピックよりもやりたくて、しかしなかなか開催できなかったイベントといえるかもしれない。

さて、1940年万博が開催されたらどのようなものになったか、シミュレーションしてみよう。会場への入口は、中央部分が跳ね上がる開閉式の「勝鬨橋」（全長246m、全幅

26・6m）だ。つまりあの勝鬨橋は「幻の万博」のレガシーだ。

橋を渡ると尖塔仕立ての入場門があり、その先に左右に五重塔がついた極彩色の正門がある。万国旗や幟の立つ道を歩いて記念館に入ると、なかには日本の歴史にまつわる展示や、2000人収容できる会議室もあった。建国記念館、生活館、文芸館、経済館、科学発明館、通信交通館、鉱山館などが並ぶ。

第1会場は日本をテーマにしており、巨大な木造橋を渡って第2会場に入ると、農業館、林業館、紡織館、機械館、航空館といったパビリオンのほか、スタジアムまで予定にあったらしい。第2会場の半分は外国館の予定であった。豊洲会場の中央には高さ250尺（76m）の塔があり、上ると眼下に東京市が広がり、房総半島から富士山まで見渡せる。

私が驚いたのは、1940年の東京五輪と万博では、実はテレビ中継も計画されていたということだ。1926年12月25日、世界で初めてブラウン管に「イ」の映像を映した高柳健次郎がNHKに出向し、実験を進め、1939年4月には電波を送る100m鉄塔も完成し、試験放送まで成功していた。ちなみにテレビ本放送が実現したのは1953年だ。戦争がなければテレビ放送は10年以上早かったかもしれない。

戦後には、念願のオリンピックを開催し、その6年後に万博も開催した。実は戦前の万博は中止ではなく、「延期」である。その証拠に当時のチケットが１９７０年の万博でも、２００５年の愛知万博（愛・地球博）でも使用できた。実際に１９４０年の万博チケットは１９７０年では３０００枚、２００５年では70枚使われたとのことだ。金券ショップなどで売った方がいい値段がつきそうな気がするのだが……。

堺屋太一氏、最後の大仕事

さて、大阪が万博に立候補した当初のことを思い出すと、「１９７０年の万博はあまりにも偉大すぎる。愛・地球博をターゲットとしよう」という空気が強かったように思える。それが今や万博といえば１９７０年を目指そうという意見が多いのだから、かなり目標は大きくなった。デフレ経済の日本ではどうしても目標は小さくなりがちだ。ただ万博だけはそうはなっていない。私は大阪の人の心に火をつけた陰のヒーローは、１９７０年万博の立役者である堺屋太一氏であると思う。

ある日、堺屋氏がある政府関係者を訪問した。そこで「万博誘致担当者は愛・地球博をベースに考えている。なんと目標の小さいことだ。目標は１９７０年万博である」と力説して帰った。

堺屋氏と面談した政府関係者に私は別の機会にお会いしたのだが、そのとき彼はこう言った。「実は政府ではオリンピック不況を懸念している。それを回避するためには万博は重要なイベントだ。万博はまさに国益だ。私は大阪には西日本を牽引する力があると思う」。私はその意見に大変納得した。それ以来、万博研究を続けており、ことあるごとに情報発信をしている。

堺屋氏はいろいろなところでこのような活動をしたようだ。確かに１９７０年とは時代も違うし、環境も異なる。しかし今、大阪で盛り上がっているのは、１９７０年万博を意識しているからであろう。多くの人の心に火をつけた堺屋氏の行動力には頭が下がる。

堺屋氏は誘致成功を見届け、２０１９年に亡くなられた。２０２５年万博もみていただきたかったと思うのは私だけではないだろう。我々がやるべきことは２０２５年万博を成功させて、天国の堺屋氏に喜んでもらうことだと思う。

二大巨頭は何が似ていたのか

万博の研究をしていると、岡本太郎と堺屋太一氏の偉大さに驚かされる。そして以外な共通点も見出すことができる。そこで、私が考える二大巨頭の共通点を書こうと思う。

まずは個性と自由の尊重だ。堺屋氏は通産省時代、「早飯、早ぐそ、早寝入り」という滅私奉公で働く同省の体質を嫌っていた。クリエイティブな発想には自由が大事という意見であった。岡本太郎はパリに留学したこともあって欧米の自由を謳歌した。しかしその後に太平洋戦争に従軍、自由の気風に染まった彼は軍隊でかなり苦労する。

彼らは、枠にとらわれなかった。太陽の塔は建造物ではなく、本来は飾りである。それがお祭り広場の屋根をぶち抜いてしまう。岡本太郎は「べらぼーなもの」を作ると宣言し、「べらぼー」とは「でたらめではない」と喝破した。堺屋氏も今回の万博の誘致の際、愛・地球博ではなく、１９７０年万博を目指せと主張していた。平凡な話を嫌い、必ず独自の意見を言うようにしていたようだ。

次に、彼らは哲学を持っていた。万博は新商品の展覧会であるので、技術にばかり目が行きがちだ。しかしそれだけでは、見本市と変わらない。ラスベガスで開催されている家電見本市であるCESは非常に人気があるが、毎年開催されている。見本市で終わらないためには何らかの思想が必要である。岡本太郎は「人間のあるべき姿」、堺屋太一氏は「戦後日本の復興」をコンセプトにし、彼らが1970年万博を伝説に押し上げたのだろう。

枠にとらわれなかった背景には、子どもの目でものをみることを忘れない心があった。堺屋太一氏は「稚心」ということを力説し、岡本太郎も一番素晴らしい絵を描くのは四、五歳くらいの子どもであるとの考えであった。

現代と1970年代万博とは時代が違うので全て真似をすることは無理であろう。ただし、こうした日本人がいたことを覚えておくことは悪いことではないはずだ。

2025年万博で覗く日本の未来

今回の2025年大阪・関西万博のテーマは「いのち輝く未来社会のデザイン」。関西を、そのテーマを実現するための「実験場」と位置づけている。そのため、開催前から様々な企業・研究機関が先端技術の実証実験を行い、万博期間中にも実験的な展示を行うこととなっている。特に万博会場である夢洲は、ほぼ更地で土地利用の制約が小さく、未来社会の実験場としては最適な場所であることは間違いないだろう。先日もアイデア募集が行われたが1000件を超える提案が寄せられた。

では、具体的にどのような実験が行われるのか。具体的な内容については、2025年日本国際博覧会協会と有識者による議論を重ねているところであるが、既に2019年6月の段階で大阪商工会議所が一定のアイデアを打ち出しており、それが現時点での参考となる。

その内容は、健康・医療分野では健康メニューが提供される健康レストラン、VR・ロボットによる健康増進プログラムを体験できるスポーツクラブなどである。先進国は日本を含めて高齢化社会に入ろうとしており、健康への関心が高い。そのニーズを満たすコンテンツが検討されている。

またデジタル経済への対応も考えられている。会場をデジタル化実験地区として、ウェアラブルデバイスによる生体情報システム、地域通貨（万博トークン）、ブロックチェーンなどによるデータ経済圏を形成するというものだ。日本は、しばしばデータ経済に乗り遅れていると言われるが、そのキャッチアップにつながることを期待したい。

また乗り物関係にも面白いことが検討されている。例えば水素を動力源とするドローン。エアロジーラボ社は、プロペラを複数備えた軽自動車程度の大きさの機体を想定し、2019年中に飛行実験を行い、2024年初には人を乗せた飛行試験を行う計画だ。また、大阪市高速電気軌道（大阪メトロ）と大阪シティバスは自動運転で走る路線バスの実用化に向けて動き出しており、実証実験を経て2020年度には4路線で導入、2025年万博では会場と駅との移動手段として活用する予定である。

自動運転車を充電するためのワイヤレス充電システムについても、既にダイヘン社が大阪城公園などでの実証実験を重ねており、万博会場を移動する無人バスへの採用を目指しているほか、道路を走りながら充電するシステムについても開発を加速させている。2050年までの交通手段が実験されているといえよう。

こうした事例は数え上げるとキリがないほどある。5年後、そしてその先の未来に向けて大いなる盛り上がりをみせている。2025年、大阪・関西は未来を体験できるショールームになろうとしているのである。関西だけでなく、全国・全世界の人々が刺激を受ける万博になることは間違いないだろう。

「崖」は乗り越えられるのか

２０２５年は、大きなターニングポイントだ。まずは２０２５年問題というのがある。これは団塊の世代が皆、後期高齢者になる年だ。また最近２０２５年の崖という言葉が出てきている。これは２０２５年になるといろいろなコンピューターシステムがバージョンアップの期限を迎えるほか、日本のＩＴ技術者が高齢化し、数も少ないためＩＴシステムがうまくいかなくなる問題である。

人口動態にも世界的に大きな動きがある。それは２０２５年前後にはインドが中国の人口を抜くというものである。中国の最近の影響力の大きさというのは人口の大きさによるものが多かったわけであるから、ここでインドが世界最大の人口大国になるということは大きな国際政治上の変化となる。

また、２０２５年には大阪独自の面白いイベントも開催予定である。大阪では食博覧会というものが開催されているが、過去の開催サイクルから考えると、２０２５年にも開催される。食という大阪らしい展覧会であるので、これもきっと盛り上がるだろう。食はネットでは経験しにくいので、ネット時代でも体験型・来訪型コンテンツとして引き続き期待できる。

今から準備していれば十分ビジネスチャンスになる。ちなみに、2025年は昭和から約100年でもあるし、戦後80年でもある。1970年の万博が明治維新からほぼ100年ということもあり、識者によっては明治維新の総括という意見もあるようだ。2025年の万博は昭和・平成の総括、戦後日本の総括の年となる。

夢洲にかかっている大阪の浮沈

万博やIRが設置される会場は夢洲という埋立地である。前述したとおり、オリンピックの会場になるはずだった場所だ。

夢洲は、大阪駅近辺から10㎞圏内に位置し、大阪市中心部から車で30分以内、JRなどの交通が延伸した場合には10分程度でアクセスできる大阪湾沖の人工島である（図表4-1）。夢洲は、USJや海遊館といった観光施設のほか、オリックス・バファローズの二軍本拠地でもある大阪シティ信用金庫スタジアムやおおきにアリーナ舞洲などからも近いうえ、船な

図表4-1　夢洲の位置関係

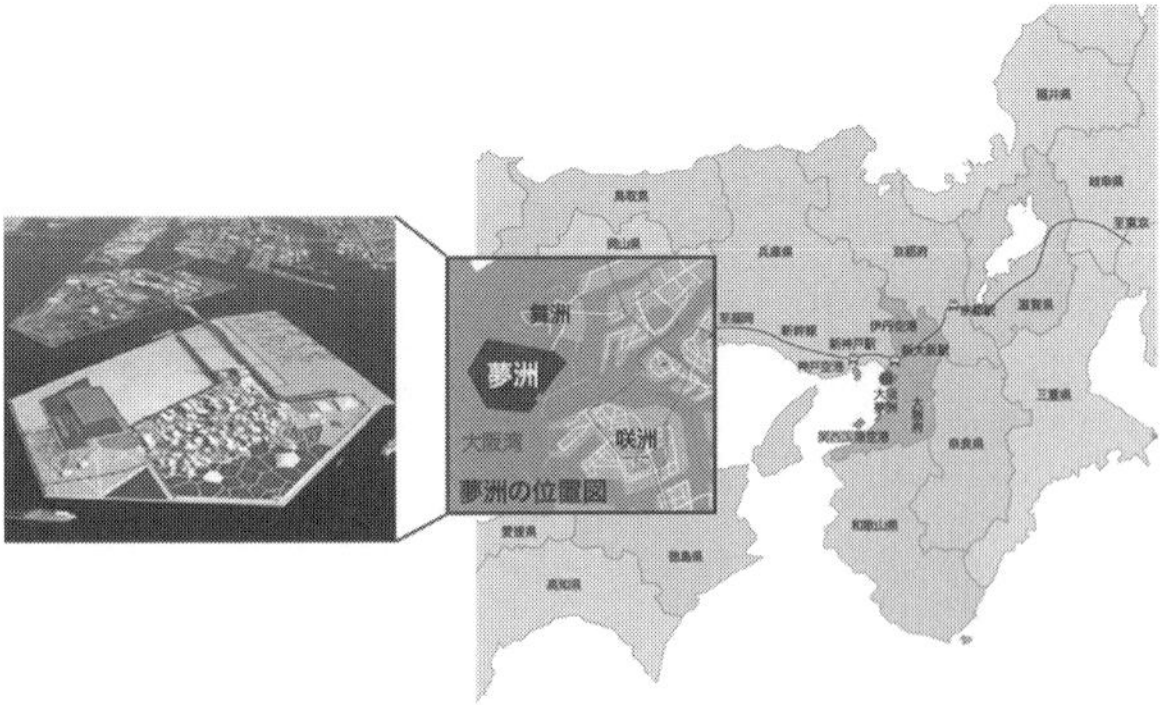

（出所）公益社団法人2025年日本国際博覧会協会

どを使えば神戸や四国等にもアクセスが容易であるなど利便性が高い。

　広大な人工島であるが、関西経済の低迷などの影響もあり、メガソーラー（西側）や港湾施設（東側）などに一部活用されているものの、中心部分の２００ヘクタールは未利用のままとなっている。大阪府・大阪市は夢洲をエンターテインメント拠点、会議場・展示場などＭＩＣＥ施設に活用する方針だ。

　写真でわかるとおり、広大な空き地の夢洲は、ある意味、関西の地盤沈下の象徴といった存在であった。そこで万博が開かれ、ＩＲといった豪華なリゾート施設ができると、大きく印象が変わる。そこに期待する大阪人・関西人も多い。

夢洲のほとんどは大阪市が保有しており、地権者が非常に少ない。そのため実験などをしやすいというメリットもある。実は日本では地権者との調整に難儀して、中途半端な開発になったり、土地が虫食いで開発されたりすることがある。夢洲は大阪市が了承すればすぐに大規模な開発が可能である。

また、夢洲をスマートシティにしようとする意見もある。都市再開発は既存住民との関係などから時間がかかることが多い。しかしここは住民がほとんどいないため、地元の調整の苦労が少ない。実際、その点を評価する企業関係者も多い。夢洲が世界屈指のリゾートシティ・スマートシティになれば、工業地帯であまり華やかとは言いにくかった大阪の西側も変わる。

実は世界の動向をみると、新興国が世界の工場となるなか、先進国の湾岸地域は手つかずとなるケースが多い。そうしたなか、再開発がうまくいくケースというのはリゾート地か商業地域となることである。工場は人件費などの観点から低コストな場所に移転するリスクがある。一方で、人口密集地に近いリゾートや商業施設であれば、都心の顧客を招くことができるので撤退リスクは小さい。

旧市街地は空き地が少ないので大型施設を導入することは難しいし、街並みの雰囲気も変わってしまう。一方で旧市街地は大規模開発を抑えめにし、湾岸地区を大規模開発地域にすれば、旧市街地と新市街地の住み分けも進む。そういった意味で夢洲に万博やＩＲなどを持って来ることは最近の都市開発の流れにも沿ったものである。

夢洲は関西国際空港からも、神戸空港からも近い。日本中、世界中から人を集める可能性がある。大阪の浮沈はまさに夢洲にかかっているといえる。

スーパーシティ特区の可能性

スーパーシティ特区というのをご存じであろうか。本書をお読みの方でご年配の人は沢田研二氏のＴＯＫＩＯを思い出すかもしれない。ただ、もちろんスーパーシティは特にそれと関係はない。

昨今、ＡＩ及びビッグデータを活用し、社会の在り方を根本から変えるような都市設計の動きが国際的に急速に進展しているなか、日本政府は第4次産業革命を先行的に体現し、革新的な暮らしやすさを実現する最先端都市となる「スーパーシティ」を日本中に作りたいと考えており、その特区を募集しているのだ。

日本政府の意気込みもなかなかのものであり、「丸ごと未来都市を作る」と言っている。そして今、万博開催とIR誘致を進めている夢洲がその有力な候補となっているのだ。確かに丸ごと新しい街を作るという意味では広大な空き地である夢洲は関係者の調整などに手間取らないため有利かもしれない。また万博はそもそも未来のビジョンを示す場でもあるので、未来都市というコンセプトにもぴったりである。

実際の動きについては、大阪府市でスマートシティ戦略会議というものが既に動いており、その目指す姿が示されている。理念としては、大阪のスマートシティは、住民の生活水準の向上を中心に据え、身近なサービスにできることから着手して、安心・便利で楽しく暮らせる街の実現を目指すとしている。具体的には住民サービスの向上と万博が目指す未来社会の実現を視野に都市課題の解決を考えている。

当面取り組むテーマは、交通・移動、健康・医療、防災・防犯、教育・子育て、行政運営など、自治体の政策領域のほぼ全てをカバーする。まさに一つの街を作るようなイメージである。とはいえ、テーマが広範であるため優先順位をつける必要があることから、自動運転などのモビリティ、電子政府といった既にある程度実績が出ているものから着手することとなっている。

1970年万博最大のレガシーである太陽の塔

万博のレガシーについて議論されているが、このスマートシティは最大のレガシーとなる可能性がある。実は万博のレガシーについては、大規模な登録博であれ、専門的なテーマに絞った認定博であれ、成功の方程式がある。万博の施設をレガシーとするのではなく、その都市の長期成長ビジョンや都市計画のなかで、その通過点として万博を位置づけることが大事なのだ。

例えば、当時の区分で専門的なテーマに絞った特別博であるが、1986年バンクーバー国際交通博覧会では、港湾からコンベンション都市、物流から情報拠点への移行というストーリーを決めて、そのなかで都市を開発し、最終段階に交通博を活用した。

その結果、交通博が都市の成長戦略のダメ押しホームラン的な機能を果たし、バンクーバーの成長戦略も順調であった。一方、1992年セビリア万博は4181万人を集めて万博としては成功した。堺屋太一氏の本などをみても大変評価が高い。しかし、跡地利用に失敗している。これはセビリアが成長戦略を作らなかったことに起因すると考えられる。

さて、こうした事例をみると、万博の準備をしながらスーパーシティを目指すというのはとても良い作戦のように思える。1970年万博では、万博終了後に壊されるはずであった太陽の塔が残り、そしてそれが最大のレガシーとなったが、今度はスーパーシティがレガシーとなることを期待したい。

図表4-2　カジノはIRの3%：カジノは目立たない

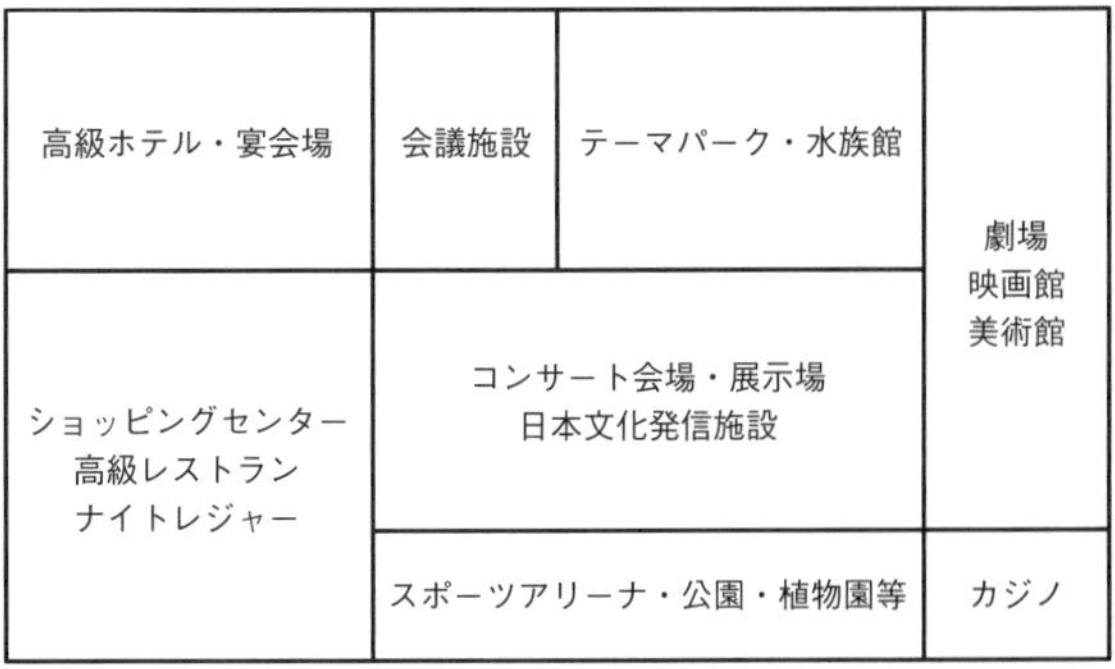

（出所）筆者作成
（注）IR＝カジノではない：IRの面積的イメージ

なぜＩＲは注目されるのか

観光をめぐる話題のなかで、ＩＲが注目されている。多くの人はＩＲについてかなり誤解があると思う。そこでまず、ＩＲとは何かについて簡単に説明してから、なぜ大阪がＩＲに熱心であるかについて書きたいと思う。

ＩＲは、収益的にはカジノが半分以上を占めるが、面積的にはカジノは3％以下となり、床面積の97％以上は高級ホテルや国際会議施設、テーマパークなどの観光施設が占める（図表4−2）。つまり、ＩＲとはカジノの収益を用いてカジノ以外のリゾート施設を整備するもの、とも言い換えることができる。

ＩＲがこれまでのリゾート開発と異なるのは、設置されるホテルなどについて、世界水準の規模・質が法律で要求されていることである。その結果、投資金額も小規模のもので数千億円、大規模なものでは1兆円近くになる。開業後の経済効果も、各自治体の試算などをみれば小規模なところでも数千億円以上となる。なお、開業できるのは法律で全国3カ所と決まっているため、これから誘致競争が激化する可能性が高い。

日本にはハコモノは十分にあり、これ以上いらないという意見もよく聞かれる。しかし、日本がデフレでいる間にその常識はすっかり変わってしまっている。

例えば、日本で一番大きい東京ビッグサイトや幕張メッセをみてみよう。私たちからすると十分に大きいが、実は東京ビッグサイトで世界78位、幕張メッセで１１２位である。関西で一番大きいインテックス大阪も１１５位である。

とあるイベント業者から聞いたのだが、日本で世界クラスの見本市を開きたいという声は非常に多いものの、展示場のサイズの小ささで開催されないものがかなりあるとのことだ。会議場も日本では一番大きくて収容人数が５０００人であるが、海外では1万人クラスはざらにある。また、床面積も３０００平方メートルあれば日本ではトップテンに入るが、海外では1万平方メートルがトップクラスである。

最近のＩＲ事業者に話を聞くと、ソーシャルディスタンスの観点からさらに面積を大きくする動きもある。新型コロナでハコモノの巨大化は続く可能性が高い。

日本最大級のリゾート施設の意味

ホテルはどうだろうか。日本の客室数トップの品川プリンスホテルが３５００室、関西トップのリーガロイヤルホテルが１０００室なのに対し、海外では５０００室以上のホテルがある。このようにみると、総じて日本の施設は規模が小さくなってしまった。

なぜこのような規模が必要なのであろうか。それは世界中で新興国が成長した結果、海外旅行が盛んになってきたことが背景にある。さらに、学会や見本市などが大型化していることもある。とにもかくにもこの面で日本は世界に遅れている。

そこでＩＲを建設することで一挙にキャッチアップすることがこの政策の目的なのだ。カジノで儲けることは大きな目的ではない。大阪では国際会議場として、収容人数６０００人以上の会議室、展示面積10万平方メートル以上の展示場、３０００室以上の多様なニーズに対応できる宿泊施設などが最低条件となっている。つまり夢洲に日本最大級のリゾート施設ができるのである。

さらに、消費という面で考えても、インバウンドは順調に拡大してきたが、新型コロナの感染拡大前の時点でさえ一時期ほどの勢いがなくなっている。また訪日外国人一人当たりの消費支出も中国人観光客の爆買いブームが去った後では伸び悩んでいる。今こそ、インバウンド消費の量と質を高めていく必要があるが、その一つの方策としてＩＲを活用することが考えられる。

ＩＲが誘致されれば、インバウンド客が増加することに加え、高級ホテルやハイエンドなショービジネスの拡充といった富裕層向けサービスの拡大や、宿泊日数の増加などにより客単価の上昇も見込まれる。実際、ＩＲの先行事例であるシンガポールをみると、ＩＲ開業後、外国人来訪数、国際会議開催数などが増加していることに加えて、ホテルの客室単価も上昇するなど高級リゾート化に成功している。

大阪のＩＲでは投資規模９３００億円、年間売上４８００億円を見込んでいる（図表４－３）。これまで空き地であった夢洲にこれだけのリゾート施設ができるのは非常に大きなイ

図表4-3　大阪IRの基本設計

敷地面積	約49ヘクタール
投資規模	9,300億円
施設規模	総延べ床面積　100万平方メートル
年間来場者数	1,500万人／年
年間延べ利用者数	2,480万人／年 •非カジノが1,890万人、カジノが590万人
年間売上	4,800億円／年 •非カジノ売上1,000億円、カジノ売上(GGR)：3,800億円
大阪府市における納付金・入場料などの収入見込み	700億円／年

（出所）大阪府「大阪IR基本構想」から筆者作成

ンパクトがあるといえる。

もちろん、懸念が出ているギャンブル依存症などの負の側面にも十分に対応すべきである。またＩＲのみが盛況となるのも問題であり、ＩＲと隣接する観光地が連携して、共に果実を得る方策も考える必要がある。

さらに、誘致する自治体と事業者は地域住民から理解を得ることも不可欠だ。大阪のみならず、ＩＲ誘致を考えている他の地域においても、マイナスの面に十分に配慮しながら、プラスの面を伸ばすことが求められよう。

コラム 4

岡本太郎とスキー

万博に向けて関西で再び関心が高まっているテーマの一つとして「岡本太郎」がある。岡本太郎については非常に多くの評論があり、それらはどれも内容が濃い。そのため、真正面から取り上げると、私の手に余ってしまう。そこで、私が全国を飛んで収集してきた話から岡本太郎の魅力を紹介したい。

私は下手の横好きであるが、毎年蔵王でスキーを楽しんでいる。そこで明石永七さんという方にご指導してもらっているのだが、ある日、岡本太郎の話になった。私が万博を通じて彼に興味があることを伝えると、「それだったらル・ベール蔵王というホテルの川崎さんに話を聞いた方がよい」とのことだった。

岡本太郎は46歳からスキーを始めたのだが、毎年蔵王でスキーをされていたらしい。そしてその岡本のスキーコーチで、40年近いお付き合いをされていたのが川崎豊さんとのことだった。なお、川崎さんの結婚式の仲人は岡本で、川崎さんの結婚式の途中で万博の開会式に飛んでいる。

そんなこともあり、2020年1月、我々はル・ベール蔵王に泊まった。本当はスキーをするつもりだったのだが、記録的な暖冬で雪がなかった。ということでスキーは断念。ただし、川崎さんへのインタビュー、川崎さんからの10冊以上の本、館内に大量に展示してある岡本太郎の書と絵画のおかげで全く退屈しなかった。

さて、川崎さんから聞いた話をここに書こう。まず岡本のスキーの腕前である。川崎さん曰く、「とてもうまい」とのこと。実際、滑っている写真を何点かみたが、きれいなシュプールを描いているうえ、恰好も決まっている。優雅というより攻撃的・力強いフォームである。三浦雄一郎氏曰く「どんな緩い坂もエベレストを滑るように下っていく」らしい。

直滑降が大好きだったようだ。また、アトリエで作品制作中にスキーのイメージトレーニングをしている写真もみた。アトリエにいても思いはゲレンデだったらしい。彼らしいのは滑っている最中、痛くなるのが顎ということ。普通、腰、膝、場合によっては肩に力が入りすぎて肩だと思うが、滑っているときに歯をかみしめすぎてしまうらしく、顎が痛くなるとのことだ。また、転んだときに地球が自分に乗っかってくるとも表現している。私もよく転ぶのでわかるが、スキーで転ぶと地球と一体化するような気持ちになる。それをとてもうまく言い表している。

もう一つ岡本太郎らしい話を紹介しよう。スキーで滑っていると、時折転んだりして、スキー板が片方外れ、その一本がゲレンデを滑走することがある。スキーヤーとしては取りに行かないといけないし、他のスキーヤーにぶつかってしまうと危ないので避けるべき事態だ。ただ、岡本からすると、だれも履いていないスキー板が滑走する様がとても美しくみえたらしい。確かに下手なスキーヤーに乗られず、重力だけで下山していくスキーはいわば神の意思で滑っているともいえる。私もその姿を思い出し、なんともいえない神々しさをイメージできた。

最近、「岡本太郎ブーム」で彼の様々な面が再発見されているが、岡本のスキーの話はあまりされない。実は『岡本太郎の挑戦するスキー――白い世界に燃える歓び』（講談社）という著作を出すほど、スキーを愛していた。万博に向けて、岡本の研究がさらに進むと思うが、スキーの面からも岡本の偉大さが人々に知れ渡ることを期待したい。

第5章

なぜ関西の中小企業は「勢い」があるのか

堅実な成長を目指す関西のスタートアップ

皆さんはJ-Startupというのをご存じであろうか。これは経済産業省などが有望なスタートアップをピックアップしてこれらを強化育成しようとするプログラムだ。いわば、今話題のスタートアップのなかの選りすぐりの一団といえるものだ。

２０１９年11月時点で登録されている企業は１４１社あるが、そのうち１００社が東京を本社としている。しかし、その次に多い５社となっているところは大阪、神奈川、京都、福岡である。つまり、東京の次のスタートアップ拠点は大阪・京都といった関西なのだ。そこでこの章では大阪の話を中心としつつ、京都や神戸などの関西全体のスタートアップの動向について解説したい。

スタートアップに関しても、東京と関西には違いがある。まず、関西の特徴としては、借入金で堅実な成長を目指すところが多い。一般的に、急成長型は規模拡大を優先するため、リスクが高くなる。そのため投資家はリスクを厭わないタイプの方が適しており、借入であるデット型ではなく、株式投資であるエクイティと相性がいい。堅実成長型は黒字の確保を優先するため、借入によるデット型と相性がいい。一方で、堅実成長であるので、株式投資をする方からはリターンが低いとみなされるため、エクイティ型には適さないことがある。東京のスタートアップはリスクを取って急成長したいので、エクイティを活用することが多い。

もちろん、背景にはベンチャーキャピタル（ＶＣ）のほとんどが東京に集中しており、関西には圧倒的に少ないという事情がある。しかし、その傾向も最近変わりつつある。ＶＣに話を聞くと、いいスタートアップであればどこにでも馳せ参じるという声もある。

確かに新型コロナで出張はしにくくなったが、スタートアップの資金集めイベントであるピッチもテレビ電話で行われているので、地方にいることは徐々に不利ではなくなりつつある。大阪のスタートアップに現状を聞くと、いろいろな企業がテレワークやアフターコロナのビジネスモデルを模索するなか、これまでスタートアップに関心を示してこなかった東京の大企業が逆に関心を示すようになっているとのことである。

関西らしい話もある。関西はコミュニティが狭くて密であるため、信用不安の噂はすぐに広まってしまう。世間が狭いうえ、おしゃべりが多いところなので、噂の広まるスピードはとても速い。一方で、狭さが逆に信用性の担保に働いている一面もある。悪い噂も早く伝わるが、良い噂もすぐに伝わる。

さらに、公庫の資本性ローンでファイナンス支援というスキームを使う企業も多い。自己資本としてみなされる一方、出資ではないため、同ローンは出資者に口出しされたくないという関西の気質に合っているようだ。

政財界が一体になってベンチャーを支援

もう一つ、関西型のスタートアップ社会の特徴がある。それは関西財界と行政が一致団結してベンチャー企業を育成していることだ。前述のとおり、日本のスタートアップ・エコシステムは東京一極集中である。しかしながら、政府はそれでよいと思っていない。政府は、スタートアップ・エコシステム拠点都市というものを全国で数カ所設置する方針だ。

これは地方自治体、大学、民間を構成員とするコンソーシアムに対してプランを公募し、優秀なところに対して、政府、政府機関、民間サポーターによる集中支援を実施するものだ。政府からは海外展開の支援、起業家教育、ファンドの提供など幅広い支援が行われる予定だ。

こうしたなか、大阪、京都、神戸の三商工会議所は、「スタートアップ・エコシステム拠点形成に向けた要望」をとりまとめた。要望では、政府が公募を経て選定する「スタートアップ・エコシステム拠点都市」の制度設計に関して、複数の地方自治体による共同提案を可能にするよう求めたうえで、既に連携の実績があり、2025年万博に向けたイノベーションの加速が望まれる大阪、京都、神戸の拠点間連携の取り組みを選定するよう要望している。大阪、京都、神戸がイノベーションやベンチャー企業創出で連携すると大変効果が大きいと思う。

実際、京都大学・大阪大学・神戸大学のベンチャー企業数を全て合算すると、東京大学と同程度になっている。それどころか、2019年の大学ベンチャー企業ランキングでは阪大と京大が増加数では1位と2位になった。また、大阪・京都・兵庫県の大学ベンチャー数も全てを足すと東京都に迫る。連携の力で東京に負けないベンチャーの拠点となる可能性が高まっているのだ。

関西経済同友会では、2018年8月に「関西ベンチャーフレンドリー宣言」を高らかに発信している。これは、既存企業とベンチャー企業の連携を深めていくことを目的に宣言したものであり、多くのベンチャー企業が、起業時に苦労する「顧客・販路の開拓」「技術に関する相談」「資金繰り」「実績がなければ門前払い」という壁を打ち壊すべく、創業を目指すスタートアップに向けて門戸をオープンにし、各種相談に対して積極的に対応する既存企業を増やしていこうとするものであり、2020年5月19日現在で57社が賛同している。

また関西経済同友会では関西ブリッジフォーラムというメンター組織を立ち上げて、同友会の会員がスタートアップ企業のメンターとして相談に乗るイベントを年5～6回開催している。私も数回同席させていただいたが、経営学の教科書には書ききれない、リアルで鋭い指導が行われていたことが大変興味深かった。さらに、大企業の会員が多い関西経済連合会でも、ベンチャー・エコシステム委員会を設置し、大企業とスタートアップ企業の協業促進に向けた活動などの取り組みを加速している。

経産省近畿経済産業局も、「関西ベンチャーサポーターズ会議」という産官学連携の会議体を設置して、関西スタートアップ・エコシステムのさらなる発展に向けた取り組みを進めている。私のような研究者にとって有り難いのは、ここが年1回、「関西ベンチャー企業の実態調査」という調査を出してくれていることだ。

2020年3月の最新結果からは、関西ベンチャー企業は、①製造業を核として、IoT、医療、バイオなどに幅広く事業展開、②事業目標は、海外展開が5割、上場・M&Aが45%と成長志向、③関西の事業環境は、情報アクセスで好評価も、人材ニーズは逼迫、④経営者仲間、メンターなどの起業家ネットワークを活用して情報入手、⑤技術者、経営幹部確保に向けた支援ニーズが高いといった傾向があることが示されている。いいリサーチがあると、より良い改善提案が生まれやすい。こうした地道な活動は関西のスタートアップの育成にかなり大きな貢献をすると期待している。

大阪で賑わう「にしなかバレー」と「うめきた」

関西のベンチャー育成の中心地として、大阪では「にしなかバレー」と「うめきた」が注目される。まず、にしなかバレーとは、梅田と新大阪に挟まれた真ん中に位置する西中島近辺のことであり、学生やベンチャー企業が集まる場所として、大阪で以前から注目されているエリアだ。近くに歓楽街があることに加え、再開発が進まず、小規模の雑居ビルが多く残っている。小規模の雑居ビルの方が使い勝手は良く、深夜営業している飲食店も多いので、24時間走り続けるベンチャー起業家にとって便利なところだ。また、家賃も安いのでベンチャー企業が集まりやすい。

次にうめきた地区をみてみよう。うめきたとは大阪駅近辺の梅田の北側という意味である。飲み屋が多い北新地は梅田の南側である。一方で大阪駅の北側は貨物列車の操車場の跡地があるのみで少し寂しい場所であった。

しかし、2013年にグランフロント大阪が完成してから雰囲気が一変した。大阪市のベンチャーやイノベーション創出の実働部隊である大阪イノベーションハブ、2000人もの会員が属して意見交換などを行うナレッジサロンなどがグランフロント大阪に置かれた。また、阪急電鉄が運営するGVH#5といったインキュベーション施設も梅田界隈で充実しつつある。これらの拠点では、賞金総額1億円のピッチイベントが開催されるようになった。

GVH#5では、国際的なビジネス拠点・大阪〝梅田〟を中心とした関西圏の国際競争力強化の一助となることを目指し、新産業創造や関西圏の活性化につながる起業家支援に取り組んできている。具体的には、海外における起業家支援の豊富なノウハウを持つサンブリッ

賞金総額1億円のピッチイベントin OSAKA

ジグローバルベンチャーズとタッグを組み、起業家の成長を促す様々なメンターやサポーターとの出会いの機会の提供や、起業家同士が互いに刺激を受けながら精力的にビジネスを展開できる自由闊達なコミュニティ形成のための環境づくりを進めている。私も何度も伺ったが、学生から海外の方まで非常に多くのスタートアップが集まっており、梅田界隈のグローバル化にかなり貢献していることを実感した。

そして、２０２４年にはうめきた地区の２期開発が街びらきする。そこでは「みどりとイノベーション」の両立を目指した開発が進められる。つまり、大阪駅はターミナル駅でありながら、イノベーション創出拠点でもあるという珍

熱い関西のスタートアップ！（Kansai Future Summit 2019の模様）

しい存在になるのだ。渋谷駅や新宿駅がイノベーション拠点になるようなイメージだ。

最近、大阪ではグローバルイベントや巨額投資イベントが増加している。例えば、「Kansai Future Summit」は2019年に初開催された新しいイベントであるが、写真のとおり大盛況であった。

日本がさらなる経済成長を遂げるためには、東京への一極集中型から脱却し、地方から世界を席巻するような企業が生まれることが必須であるという理念のもと、産官学の関西のリーダーが集い、ネットワークを構築している。

他の地域のスタートアップイベントと異なるのは、「おもろい人間が集まり、おもろいつながりを創る」をテーマに、「業界初・業界一などおもしろい人たちのネットワーク」の構築を目指していることだ。関西ならではのフレンドリーさと熱さがあるイベントだ。

コンサルや代理店を一切使わず、ベンチャー経営者自身が事務局となって企画運営し、３００名以上が参加した。２０２０年も11月に開催予定だ。新型コロナの状況では会場の参加者を減らしたり、関西でも増えているウェブ開催の可能性もあるが、どんな形であれ、盛り上がるのが好きな大阪人であるので、成功すると信じたい。

事業承継で始まる「第二創業」

大阪は老舗企業が多いところなので、高齢の社長から40代くらいの子息に事業承継する際に新しいビジネスを始める第二創業が大変盛んであるらしい。私は関西経済同友会で若手の会のメンバーになっている。東京の経済団体では若手経営者はベンチャー起業家が多いが、関西経済同友会では二世経営者や近いうちに社長になる老舗企業の専務クラスが多くいる。

そこで聞いたのが、「爺さんが１９７０年万博で会社を大きくし、１９９０年代の花博で父に代替わりした。２０２５年万博では自分たちが何かしたい」「１９７０年は外食元年と言われる。２０２５年には外食２・０を目指したい」「実は日本のバリアフリーは１９７０年に関西で始まった。２０２５年は新しいバリアフリーの形を関西から発信するべきだ」という元気な声だ。二世経営者というとおとなしい人を想像するかもしれないが、そこは大阪、未来をみている元気な人材が多いことに大変勇気づけられた。

海外では何もないところから若い人がスタートアップ企業を起こすことが多いが、大阪では老舗企業が多いことから、事業承継から新しいビジネスが生まれる可能性が高まっている。私が知っているスタートアップ経営者も父親は八百屋さんであったが、彼は工業高等専門学校に行ったことからＩＴに目覚め、父親の会社を継いだ後、八百屋さんからアプリ開発にビジネスを全く変えてしまった。このように古くからの家業をそのまま引き継ぐのではなく、突然変異で新しいビジネスをスタートさせる事業承継が大阪の面白さだ。

さらに、最近の関西経済同友会ではベンチャー起業家の入会も相次いでいるらしい。二世経営者とベンチャー起業家はタイプが異なるが、彼らが化学反応して、新しい動きを作り出していくことを期待したい。

大阪はどのようなスタートアップ都市を目指すのか

さてここまでの話を踏まえて、大阪は将来的にどのようなスタートアップ都市を目指すのか、私が参加している大阪府の「万博のインパクトを生かした大阪の将来に向けたビジョン」有識者ワーキンググループがどのように考えているかを紹介したい。

同有識者ワーキンググループでは海外の都市のベンチマーク分析を行った。そこでは、①重工業等からの産業構造転換などにより、都市再生に成功した都市、②都市における成長産業などが大阪と類似、③寛容性・多様性に富み、生活の質が高く世界から多くの人が集まる都市という観点から、コペンハーゲン、シアトル、バルセロナ、ピッツバーグ、マンチェスター、米国のポートランドをベンチマークとして議論した。

これらの都市をみると、①大学や研究機関が都心に存在する、②スタートアップを包括的に支援する、③革新的な企業の集積と、大学・ベンチャー企業などを連携したイノベーションの促進、④良質な生活環境及び移住しやすい環境が共通している。また、⑤重点となる産業を5つくらいに絞り込む、⑥時代の変化に合わせて地場産業を変えていくという特徴もある。

結論から言えば、この6点が大事となる。また、各々の都市の個性も大変参考になる。具体的には、コペンハーゲンは住みやすさを重視、シアトルはハードからソフトまで地場産業のバランスが抜群、バルセロナは五輪などの国際的なイベントを街づくりに活用、ピッツバーグは従来の鉄鋼業から新産業へ地場産業を変換、マンチェスターはICTを活用した街づくり、ポートランドは住みたい街全米ナンバーワンを実現した職住近接などであり、どれも街づくりの参考になる。

このように目指すべき方向性が決まったのであれば、あとはこうした好事例を参考にしながら、強化を徹底して推し進めることが大事であろう。

加えてこうした都市は環境先進都市でもある。ブランド都市となるためには夢洲、中之島、うめきた2期などの新しい開発地域を環境に強いスマートシティ・スーパーシティにしていく必要もあろう。

今回のベンチマークがシリコンバレーや各国の首都ではなく、個性的な都市を選んだことは評価に値する。住みやすさとイノベーションが共存する国際スタートアップ都市OSAKA

の未来がみえてきた。

京都のイノベーション拠点のすごさとは何か

関西のスタートアップは、経済規模をみると大阪がリードしている。しかし、京都・神戸も自らの個性を生かして元気だ。ここからはその取り組みを解説したい。

2019年、京都で講演会をすることがあり、京都経済センターに行ってきた。京都経済センターというのは京都の同友会や商工会議所、工業会などが一堂に集まったビル、四条通のど真ん中にあり大変便利なところだ。一昔前、景気がすごく悪かった時代、財界団体の統合が議論された。関西でもいろいろなことがあり、それだけでも一冊の本が書けるが、京都は歴史を誇る場所であるためか、団体の統合がうまくいかなかった。その結果出した答えがこの京都経済センターである。

組織の合併はできなくてもオフィスを1カ所に集めればいいのではないか、という発想らしい。京都の経済界の方々のなかには、これを100年に1度の出来事と言う方もいる。

100年に1度と言うと我々は「大変すごいこと」に感じるが、京都は歴史が長い分、

１００年に1度と言うのは、「まあまあすごいこと」と言っているのかもしれない。ただ1カ所にあるというのはかなり便利であり、各団体の人にちょっと挨拶に行くとかいうことがすぐにできる。特に私のように東京から出張しなければならない人間は大変重宝している。

海外でも業界団体などを1カ所に集める動きはあるが、海外では旧市街の規制が厳しいうえ、不動産価格も上がっているので、少々不便なところにあることも多い。そうしたなか、街のど真ん中にこうした施設を作ったことはこれからの京都経済界にとってプラスに働く可能性が大きいと思われる。

学術を軸に県境にまたがる「けいはんな学研都市」

また、京都では新産業創出の三角形ができつつある。「けいはんな学研都市」を紹介しよう。けいはんなというのは京都の「けい」、大阪の「はん」、奈良の「な」から取られた名前であることからわかるとおり、京都・大阪・奈良の県境にまたがる地域に作られた学術都市だ。「西の筑波」と思っていただいて結構だ。

ここは１９８７年から開発を進めた地域であるが、なかなか企業や大学の誘致が進まなかった。7年くらい前に私が行ったときも開発がそれほど進んでいたイメージはない。ただ、ここは緑豊かな良い環境であり、その名のとおり、京都・大阪・奈良に近いことから、住宅地としての人気の方が高かった。しかし、長期間にわたって開発を続けてきた効果が最近顕在化している。サントリーホールディングスが研究開発施設をオープンさせたほか、2018年には理化学研究所けいはんな地区「iPS細胞創薬基盤開発連携拠点」が開所されるなどの動きがある。数年前ここを運営する関西文化学術研究都市推進機構を訪問したときに、彼らがかなり自信を深めているのが大変印象的であった。

京都リサーチパーク(KRP)も重要だ。ここは京都駅から西側、JRの山陰線で京都駅から2駅(本数が少ないのが玉に瑕だが)、タクシーで10分強のところにあるオープンイノベーション拠点だ。もともとは大阪ガスの工場の跡地ということらしいが、1989年の開設以来、着々と入居企業・団体を増やし、2018年時点では480も集まっている。

ここは大学のキャンパスのような5~6階建てのビルが10ほどあるのだが、それの9割が入居中とのことであり、今や一種のエコシステムが作られている。このようにみると、京都経済センターが京都経済の司令塔となり、それとけいはんなとKRPがうまく連携していけばハブアンドスポークができるかもしれない。京都の結束力の良さがここでも生かされそうだ。

皆さんも京都の企業と何かビジネスをしたいときには京都経済センターを訪れることをお勧めする。

人材の宝庫、京都のすごさ

本書は大阪を中心に紹介しているが、イノベーションの分野では京都のすごさも見逃せない。そこで、せっかくなので私からみた京都人のすごさ、大阪人との違いを少し書きたい。

一つは街のなかでのネットワークが緻密であるということだ。京都ではとにかく集まりが多く、夜遅くまで飲む。そこでは業種同士の集まりというよりは、業歴数百年の老舗企業、京大発のベンチャー企業、学者、開業医などジャンルが様々な人々が集まる。そこで自分の本業以外の話を聞いて、オープンイノベーションにつなげている。また、新聞報道では知ることができない各業界の本音も共有されているようだ。

先日、ある大学教授から聞いた話であるが、ケンブリッジ大学の学生・教員は夕食を一堂に会して取らねばならず、それも席位置は早いもの順であるとのことであった。そのため、ある日は歴史学の教授、ある日は生命工学の大学院生が隣に座り、彼らと英語で自分の専門分野について会話をせねばならない。当時は苦痛で仕方なかったが、今となってみればこうしたことが新発見につながっているとのことだ。

「知の越境」はイノベーションをもたらす。ごはんを食べたり、遊んだりすることで知の越境を進めることが大事だろうということだろうが、それが京都では実現されている。さらに、京都の人は一度仲良くなるとずっと付き合ってくれる。世間で言われる話として、京都人は身内意識が強いので、なかなかその輪に入れないということがある。京都の人は出会ってそれほど時間が経っていない人にズカズカ入っていくのは失礼と思っている節があり、奥ゆかしいところがある。そこを越えると、意外と人懐っこく、一度仲良くなると末永く付き合ってくれる。今でもお付き合いしていただける人がいるのは本当にうれしいことである。

国連も注目する神戸のスタートアップ環境

このような大阪、京都での動きを受けて、神戸でもスタートアップ育成への関心が高まってきた。ここでは神戸市・兵庫県の動きに加えて、私が昨年度まで提言特別委員会のアドバイザーを務めていた神戸経済同友会の動きを紹介したい。

兵庫県はイノベーションが数多く生まれる素地を有している。今後大きく市場拡大が見込まれる医療、航空機、水素エネルギーなどの先端産業が数多く存在している。また、企業・病院・大学などが集積された神戸医療産業都市、兵庫県の「起業プラザひょうご」や神戸市の「500 KOBE ACCELERATOR」などの起業家育成に向けた積極的な行政の施策もある。

500 KOBE ACCELERATOR の面白いところは、シリコンバレーのベンチャーキャピタルである 500 Startups と連携していることだ。このプログラムは、約6週間の短期集中型起業家支援プログラムで、日本発のスタートアップ・エコシステムを神戸から生み出すことを目指して2016年から開催している。第4回の2019年は、医療分野の新技術であるヘルステック領域に特化した。

この理由は、神戸市が人工島であるポートアイランドに先端医療技術の国際的な研究開発拠点として神戸医療産業都市を有しており、医療関連のスタートアップを育成する環境が整っているためであった。2019年の申し込み数は174社で、そのうち半数以上が海外からの申し込みである。第1回からの採択企業の累計資金調達額は100億円を超える。そのうち3社はM&Aによる事業買収を受けたほか、8社は現在も神戸を拠点に活動している。

プログラム設立当初の目的は、神戸市・兵庫県以外の企業に大きく門戸を開き、海外や国内のスタートアップに来てもらって、そこから成長し、彼らが神戸に常駐することであった。こうした目的を既に実現しつつあることは評価に値しよう。

もう一つ神戸で面白い動きはGovTech（ガブテック）だ。GovTechとは、政府（Government）とテクノロジー（Technology）を組み合わせた造語である。日本の行政機関には日本の巨大企業をも上回る300万人以上が従事しているが、一般企業に比べると非効率という指摘がある。こうしたなか、行政サービスをテクノロジーによって効率化するのがGovTechであり、神戸市はそのGovTechサミットを2019年2月に東京で開催した。

同サミットの「自治体×スタートアップ 共創への取り組み事例」というセッションでは、2018年度の「Urban Innovation KOBE」に選出された7社のスタートアップが、GovTechに関連するサービスを紹介した。神戸ではなく東京で開催したのは、一地域のイベントにするのではなく、東京で開催し全国的なイベントとすることで、有望なスタートアップを育成するためという理由であった。目線の高さが神戸市のスタートアップ育成の素晴らしさだ。

神戸同友会は2019年度、神戸がスタートアップシティになるために必要な動きについて提言を行った。この動きで面白いところは、地元のアニメーターを使って兵庫・神戸のありたい姿を絵にしてもらうという取り組みだ。どんな素晴らしい話も伝わらなければ意味がない。そうしたなかアニメ・漫画にするというのはユニークな切り口といえよう。また地元のアニメーターを起用するというのも面白い。もちろんオープンイノベーションの観点では全国・全世界から人を活用することも大事であるが、地域の人材の活躍推進というのも地元の活性化のために検討すべき方策だろう。

関西では開業率は欧米諸国と比べてまだ低く、エコシステムの成熟度も東京と比べまだまだ不十分とされる。しかし、足元をみると、好事例がたくさん出てきている。遅れている部分は、これからの改善余地を大きく残していると前向きに捉えて、今進めている取り組みを加速させることが重要だ。

「チーム」の動きがイノベーションにつながる

2019年、神戸医療産業都市で日米医療機器イノベーションフォーラムというシンポジウムを開催し、私も一つのセッションでモデレーターを担当させていただいたが、大盛況であった。そこでのキーワードは「チーム」である。神戸も大阪も東京ほど大きくないのでチームを形成しやすいし、首都からそれなりに遠い分、主流とは違う研究をしやすいというものである。

実際、ノーベル賞受賞者の本庶佑氏も学会の主流とは違う研究を進めて、免疫治療といういわば奇跡を起こしたと発言していた。本庶氏、山中伸弥氏などのノーベル賞受賞研究者の講演会が結構気楽に聞けるのも関西のいいところである。東京だと会場があっという間に満員になってしまって入れない。

『イノベーションのジレンマ――技術革新が巨大企業を滅ぼすとき』（翔泳社）で知られるハーバード大学教授のクレイトン・クリステンセン氏は、ベンチャー企業にとって必要な4つの思考パターンを示した。それは、質問する、しつこく観察する、仮説を立てて実験するという個人の資質に加えて、アイデアネットワーキングが重要というものだ。

例えば、イーベイ創始者のピエール・オミダイア氏にとって、何か疑問ができたときに重要な思考パターンは、「自分がどう考えるか」ではなく、「まずこの問いを誰と話すべきか」だ。この指摘にはいつもハッとさせられる。まずは起業家が勤勉に働くことが重要なのは当然ながら、外部の知恵を生かすことも不可欠ということである。

つまり、真面目で才能がある起業家たちが相談したり、支援を受けることができる環境が整備されていたりするのがスタートアップのエコシステムである。日本ではなんでも自分で完結させることが重視されるが、どういうチームを作るのかを真剣に考えることが大事なのではないだろうか。

神戸がアジアで初めて招致した国連機関UNOPS

さて、神戸のスタートアップ育成環境が整備されていることを示すエピソードをもう一つ紹介したい。国連の本部はニューヨークであり、国際機関の重要拠点は基本的に海外の大都市である。しかしその常識に穴を開ける出来事が神戸で起きた。

途上国の発展や紛争・被災地域の復興を支援する「国連プロジェクト・サービス機関（UNOPS、ユノップス）」が2020年9月に三井住友銀行神戸本部ビル（神戸市中央区浪花町）に拠点を開くのだ。同じフロアには、兵庫県の起業家支援施設「起業プラザひょうご」も移転し、同時にオープンすることとなっている。

この国連の施設の名前はユノップスの「グローバルイノベーションセンター（GIC）」というものである。世界15カ所に設ける計画で、北欧など2カ所で既に始動している。アジアでは神戸が初めてとのことだ。起業家らから世界的課題を解決する提案を募り、国連の持続可能な開発目標（SDGs）の達成につなげることを目指している。

コラム5 関西のスタートアップ・エコシステムに火をつけたハーバード大学

関西でもスタートアップのエコシステムが作られつつある。スタートアップブーム（昔はベンチャーブームと言ったが）は過去何回もあり、現在は第4次スタートアップブームとも言われる。今回のブームにおいても、それ以前に様々な企業が立ち上がっており、今の動きの土壌を作ってきたと思う。

例えば、大阪商工会議所は、かなり前からメディカル分野に大変力を入れており、この分野ではプロからの評価も高い団体となっている。実際、2019年にはケンブリッジコンサルタンツなどを主催した「MEDTECH CONNECT OSAKA」では日本の有望なメディカル系スタートアップによるピッチコンテストなどを行い、関西のスタートアップ育成に向けた環境が整備されつつあることを示している。

このように関西にはスタートアップ・エコシステムがもともと存在し、多くの団体の努力によって最近加速しつつあるが、それに大きな貢献を果たしたのが、実はハーバード大学である。あまり知られていないが、関西経済同友会はハーバード大学と30年近い友好関係があり、毎年ボストンでシンポジウムを開催するほどだ。数年前にはこうした活動が認められ、外務大臣表彰も受賞している。

数年前、このシンポジウムの発展形として大阪でシンポジウムをしようという動きがあった。当初は外交・政治・経済が検討されていたが、ハーバード側から提示されたテーマがスタートアップであった。マイクロソフト共同創業者のビル・ゲイツ氏、フェイスブックのマーク・ザッカーバーグ氏を生み出したハーバード大学であるが、実はスタートアップ育成について問題を抱えていた。それはハーバード大学がスタンフォード大学に負けているのではないかということだ。

確かにゲイツ氏もザッカーバーグ氏もハーバード大学のおかげでというよりもハーバード大学を中退したおかげで今があるといえるのかもしれない。ハーバード大学は勢いがあるスタートアップが西海岸から生まれることに対して大変危機感を持っており、日本の関西と組んでいろいろ議論しようという話が来たのだ。

関西経済同友会ではこのテーマについてどこまでやれるか不安感はあったが、当時伊藤忠商事常務執行役員で現在は関西経済同友会の代表幹事である深野弘行氏が関西版ベンチャーエコシステム委員会の委員長となり、関西に形成されつつあるスタートアップ・エコシステムをいかにして成長させるべきか考えることとなった。

会議のなかで驚いたのは、彼らがサントリー創業者の鳥井信治郎の「やってみなはれ」近江商人の経営哲学である「三方よし」という言葉を知っていたことだ。「やってみなはれ」は万博招致活動を機によく聞かれた言葉だ。２０２５年日本国際博覧会協会ＨＰの石毛博行事務総長の言葉にも引用されており、誘致の際も海外に対してアピールした言葉だ。「三方よし」というのもなかなか良い言葉である。「売り手よし」「買い手よし」「世間よし」というもので、自分だけ儲かってはダメというものである。もともとは近江商人の経営哲学であるが、ＳＤＧｓにも通じる概念だ。

関西経済同友会とハーバード大学の連携から、いわば「再発見」された関西のスタートアップの種が、その後、行政・大学・経済団体といった幅広い関係者の素晴らしい動きによって加速している。これからも関西のスタートアップの成長に期待したい。

第6章

大阪をみれば日本の未来がみえる

新型コロナ後の観光ビジネスの在り方

本章ではこれまで元気であった大阪のインバウンドの現在と今後について書きたいが、その前に新型コロナによって、大阪に限らず日本の観光ビジネスがどう変わるのか、そうしたところから考えたい。

現在、新型コロナでインバウンドは全世界的に壊滅状況にある。先進国では第2波への警戒が強いうえ、中南米などの新興国では依然として拡大傾向にあり、当面はインバウンドを拡大するという空気にはならないだろう。こうしたなかではまず、従来のインバウンドを重視した観光戦略を見直し、当面は国内での旅行意欲の喚起に重点を移すことは免れない。ただし、今回の新型コロナの場合、単純な需要喚起策のみでは十分な効果が上がらない可能性がある。なぜなら、日本人旅行者も、衛生面や健康面に対する懸念から、旅行に対する意欲は従来に比べて減退している可能性があるためである。

アフターコロナ型の誘致策として、観光や旅行に対して日本人が抱く消極心理を払拭する施策が必要である。新型コロナ騒動によって、日本人のなかに生じた衛生管理や危険回避のニーズに対し、観光地や交通機関において十分な対応が求められるようになる。手近な取り組みとしては、客室やロビーへの消毒薬の配置やビュッフェスタイルの見直し、混雑を避けた客室でのチェックインが考えられる。

やや長いタイムスパンでは、静穏かつ室内温度を下げることなく換気ができる高機能な換気設備や、清掃が行き届きやすい家具・間取りの導入、抗ウイルス効果の高いカーテンなど調度の採用、個人や家族単位で楽しめる個別温泉施設などが考えられよう。交通機関でも、消毒、清掃の徹底、特に高密度となりやすい観光バスの乗客数の調節などの対応のほか、抗ウイルス効果が高く消毒もしやすい車両の内装材の導入などが必要となる。コンテンツについては、利用者を限定して混雑を生じさせない運動施設や映画・VRのシアター、サービスが整った少数の宿泊設備からなる高単価なキャンプ場（グランピング）などが考えられる。

もう一つ考えるべき話としては、リゾート地などで働くワーケーションが今後盛り上がるということだ。最近、リモートワークが当然になった世の中では、観光地に住んで、そこで働く人が増えている。また、仕事で付き合いがある大阪近辺の地方自治体関係者はこの流れが続くとみられるなか、現在は東京でリモートワーク可能な仕事をしている人のなかから、大阪周辺に移住する人を増やすことができないかという問題意識を持っていた。デスクワークは極論すれば通信環境と電気があればどこでもできる時代になっている。つまり観光地として魅力を高めれば、観光客だけでなく、定住人口も増えるという新しい時代が来ているのだ。

さてこうした取り組みは日本人だけでなく、海外の顧客にも十分魅力的な取り組みだ。なぜならば、新型コロナの感染拡大によって、世界中の海外旅行者は清潔・安心を求めて旅行するようになったからである、またデジタルノマドと言われる、仕事に使うデジタル機器と最小限の荷物で身軽に暮らし、住みたいところへ自由に移動しながら生きていくライフスタイルを追求する人材は世界的に増えているうえ、海外では在宅勤務を原則とする企業が急速に増えている。日本が清潔な観光地としてのブランドイメージを確立できれば、日本で働くこうした人材が増えよう。

この数年で今述べたような取り組みを進めていけば、日本の観光地は再びインバウンドが盛り上がる。当面の国内旅行対応を、インバウンド２・０時代の準備期間にすべきである。

なぜ大阪のインバウンドは復活が期待できるのか

さて、今申し上げたような対応は日本全体に共通するものだ。そうしたなか、来るべきインバウンド2・0時代に成功するためには何をすべきか。それは各地域の個性を生かした差別化戦略だろう。大阪のインバウンド復活に向けて何をすべきかをこれまでの経緯から考えたい。

これまでの大阪経済の復活の起爆剤はインバウンドであった。ではなぜ関西がインバウンドでこれほど元気になったのであろうか。

大阪のインバウンド隆盛の歴史をみると、２０１2年頃から、大阪の空気が大きく変わった。関西国際空港がＬＣＣを誘致し、その結果、アジアからの旅行者が増え始めたのだ。

例えば、心斎橋・難波界隈は昔ながらの商店街であったが、インバウンドが増えてからにわかに活気づいた。東京でもアジア系の旅行者が溢れかえっていたが、まだ欧米系も多い。関空はアジアへの就航が多いので、大阪には東京よりもアジアの人々が集まっていた。

流行語ともなった「爆買い」で、２０１５～16年頃、大阪心斎橋筋商店街は一世を風靡した。新型コロナ直前までは、「ここは海外か」と思うほど、通りは訪日客で溢れかえっていた。店に入れば、中国語、韓国語、英語は聞こえてくるが、日本語で話す人は誰もいない状況だ。ベトナムやネパールから来られる方も増えていた。

不動産業界の集まりで面白いことを聞いた。外国人旅行者で沸き立っていたミナミ界隈ではクラブやスナックの開業が新型コロナ前に増えていたということだ。クラブやスナックは日本人相手の商売であり、インバウンドは対象となっていない。しかし、こういう飲食街は人が集まるところに出店したがるというのだ。インバウンドが別の需要を生む。人もお金も寂しがり屋で、集まっているところに行くのであろう。

東京を上回る観光客の増加率

大阪府を訪れた訪日客数は、2014年には376万人。それが2018年に1142万人と4年間で3倍以上に増加、これは日本全体の訪日客数（3119万人）の約37％を占める。またこの4年間の客数伸び率では、東京都の1・6倍（2018年1424万人）を大きく上回っている。

ちなみに現在の大阪を訪れる訪日客の内訳は、中国からが4割、韓国からが2割、台湾からが1割で、この3カ国だけで全体の7割以上と、東アジア中心の構成となっている。ただし、数年前と比べると、欧米系が増えているようにも思える。観光戦略に詳しいデービッド・アトキンソン氏によると、数年前から日本の観光庁の海外向けCMは欧米系の人に訴求するように演出を変えたらしいが、そうした努力が奏功しているのかもしれない。

海外旅行者の旅行をする理由の上位は食、ビーチ・スキーなどのアクティビティ、ナイトライフであり、その後に歴史・文化が来る。一方で、これまで日本の観光PRは歴史と文化に偏っていた。大阪には食・ナイトライフのほか、近隣府県まで考えると、海水浴場や登山の名所も豊富であり、もちろん歴史・文化的観光地も充実しているので、総合戦略を進めやすいのは大阪の観光戦略のメリットである。

昨今は、ツアーガイドが旗を掲げて、ぞろぞろと歩く団体客が移動する様子をみるのは少なくなり、リピートを何回もしているような個人旅行者が増加している。家族単位やカップルで街を行脚する人が増えている。

大阪観光局2018年調査によれば、大阪の人気スポットは訪問者数ランキングで、1位道頓堀（心斎橋・難波）、以下大阪城、ユニバーサル・スタジオ・ジャパン（ＵＳＪ）、日本橋、黒門市場の順。また訪問地に大阪を選んだ理由として、観光地としての魅力に続き、食事が魅力的という回答が、ショッピングを抜いて2位になった。

大阪のミナミの国立文楽劇場の近くに黒門市場がある。もともとは普通の市場で、周辺の住民が日頃の買い物をする場であった。しかしそれをインバウンドが変えた。１４７店舗が連なる巨大商店街。１日の客数が約3万人で、その80％が外国人とインバウンド誘引の大成功例である。和服姿の外国人向けコンシェルジュの配置、食べ歩きできるように串焼きにしたり、店先でのテーブルサービスをしたり、多言語対応含めいろいろと工夫を凝らした結果、大阪の食を支える市場として「黒門」が訪日客にも知れ渡ることになった。

そして、観光客の求めに応じて、食べ歩きができる場となった。普通であれば、もともとの街の雰囲気を変えてしまうので反対する人が出てくるはずであるが、実利的で柔軟な関西人は過去にこだわらない。あっという間に食べ歩きで有名な街となった。

関西全体を捉えても、関西への外国人訪問者数の推移では、２０１４年に対し、２０１８年は2・4倍とやはり右肩上がりである。大阪に次いで訪日客の訪問率の高い京都では、訪日客による「オーバーツーリズム」（想定以上の客が集まることによる悪影響）が問題視されるようになっているくらいだ。

関空はLCC就航都市日本一

なぜ、関西が多数の訪日客を呼び寄せ、新型コロナ終息後の復活が期待できるのか。私が所属している関西近未来研究会では、以下のように分析している。

まず、関空がLCC就航都市日本一であることだ。2016年に民営化した関西エアポートは、2017年関空にLCC専用の第2ターミナルをオープン。関空がアジアからのLCCのハブとなるべく、11カ国31都市を結ぶ航路が就航している。これは成田空港の18都市を大きく上回っている。

特にアジアからのアクセスを容易にしていることで、この訪日客拡大を生んでいる。直近の計画によると、ターミナルの改修により、2025年までには年間4000万人までの受け入れ拡大が想定されている。

アジア各国から東京までかかる時間は、関西までかかる時間より1時間ほど長くなる傾向がある。欧米からの10時間近いフライトであると1時間はあまり大した差ではないが、アジアからだと数時間で日本に来れる国もある。こうした国からは1時間の差は大きい。さらにLCCは通常の飛行機よりも席の間隔が狭めであるので、少しでも早く外に出たいというインバウンド顧客もいるようだ。

加えて、大阪市は先んじて民泊条例を施行している。2016年に国家戦略特区として、大阪市が民泊条例を施行し、簡易的な民泊運営ができるようになった。2017年に宿泊期間が最低2泊3日まで引き下げられたことではずみがつき、大阪市の認定居室数は1万室レベルに、全国でも圧倒的にトップの民泊室供給量となっている。

そして最後に、大阪だけでなく、関西全体まで目を向けると、世界遺産、国宝・重要文化財が集中していることだ。歴史背景のある関西は文化的な遺産を多数抱えている。まずユネスコの世界遺産は、日本国内認定案件23件中6件が関西地区である。「法隆寺地域の仏教建造物」「姫路城」「古都京都の文化財」「古都奈良の文化財」「紀伊山地の霊場と参詣道」に加えて、2019年に大阪府としては初めての世界遺産となる、「百舌鳥・古市古墳群」が選出された。

図表6-1　国宝と重要文化財の宝庫である関西

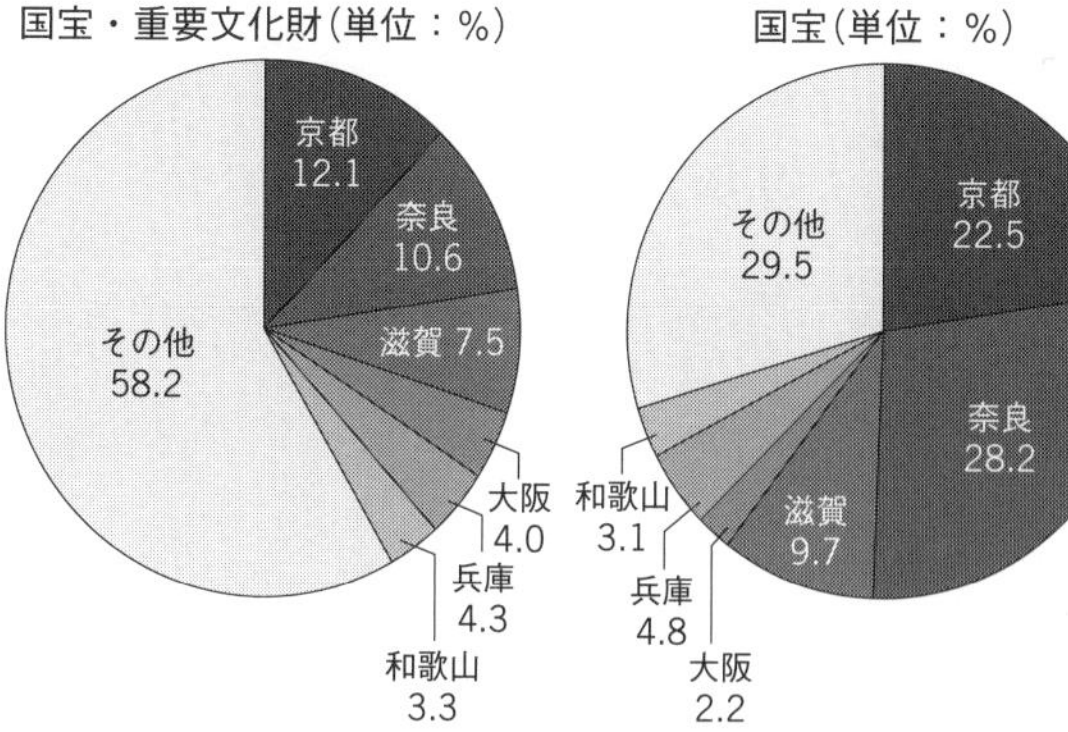

（出所）文化庁　国指定文化財等データから筆者作成

また関西には、全国の国宝・重要文化財建造物2497件のうち約42％が、国宝226件に限ればなんと約71％が集中しており、まさに観光資源の宝庫となっている（図表6―1）。

私が関西在住時に驚いたことの一つがこの国宝・重要文化財の多さだ。私の出身地である福岡では国宝などは少なく、若い頃は、ほとんどみたことがなかったが、関西では小さなお寺にも国宝がある。

それどころか、重要文化財が3つくらい続いた後に、2つ国宝が出てくるというところも多い。その結果、関西で生活した後は、国宝や重要文化財に驚かなくなってしまった。

フランス人だらけの高野山

大阪のインバウンドを数字でみると、地理的な特性からか中国・韓国からの来訪者が多い。ただし、広く関西に目を向けると、面白い例外もある。それが高野山だ。世界遺産になった2004年に高野山を訪れた外国人の数は1万人。それが、10年後の2014年には5万5000人まで増えた。現在、山内の宿坊に泊まる人の4、5人に1人は外国人。その多くがヨーロッパからの個人客であり、最も多いのがフランス人となっている。

実際、2019年の訪日外国人消費動向調査から国籍別都道府県来訪率ランキングをみると、大阪・京都・兵庫はどの国からみても軒並み上位にくるが、和歌山県は全体的にランキングは20〜40位と高くない。しかしながらフランス人に限ると全国15位までランキングが上がる（図表6-2）。

私も大変興味があるので、2019年に高野山に登り、宿坊に泊まった。そこには日本人は私たちを含めて数組しかいなかった。そしてほとんどは欧米系であった。そして聞こえてくる言葉はフランス語であった。世間の噂どおり、フランス人の高野山人気をみた。

宿坊では修行などをお坊さんの解説付きで見学することができる。そこで驚いたのはお坊さんが英語でお寺の取り組みを説明したことであった。フランス人は英語を理解できる方が多いようであり、皆、この説明を熱心に聞いていた。また、護摩焚きの際、フランス人観光客に対して、お坊さんからお経と焼香台が回された。異教徒の宗教儀式について何を思うか、少しドキドキしたが、彼らは「メルシー」と喜んでいた。また、皆食い入るように護摩焚きをみるのが印象的であった。

なぜ、ヨーロッパ人観光客は高野山に惹きつけられるのか。旅行代理店などにいろいろ聞いたところ、まずヨーロッパでは「巡礼の文化」が根付いていることが指摘された。確かに、世界遺産サンティアゴ・デ・コンポステーラ巡礼路というものがあり、多くのフランス人がこの道に沿ってピレネー山脈を越えていく。また、ヨーロッパとは全く異なる日本文化に対する関心が高いことなども指摘された。「京都は観光客が多く、思ったほど日本らしさがないが、高野山は私がみたかった日本の姿だ」との声もよくあるようだ。

高野山は密教ということもあり、我々日本人からみても、厳粛で荘厳、ミステリアスな雰囲気がある。また、奥深い山を登っていくと、突然、山々の「緑の世界」から、天空に存在

図表6-2　国籍別都道府県来訪率ランキング

	全体	韓国	中国	米国	フランス
北海道	8	6	6	8	18
青森県	32	35	21	20	33
岩手県	39	47	24	47	36
宮城県	27	30	19	23	24
秋田県	42	44	30	41	41
山形県	40	40	29	40	38
福島県	43	42	42	38	44
茨城県	30	27	37	31	25
栃木県	21	32	25	18	14
群馬県	36	37	40	25	28
埼玉県	24	20	32	22	29
千葉県	3	4	2	2	2
東京都	1	3	1	1	1
神奈川県	9	12	13	5	5
新潟県	34	39	36	30	31
富山県	22	25	18	42	42
石川県	18	33	16	16	11
福井県	46	43	46	43	46
山梨県	12	34	15	12	10
長野県	17	28	11	15	17
岐阜県	16	22	12	17	9
静岡県	13	18	23	13	13
愛知県	6	10	10	9	12
三重県	31	29	34	33	37
滋賀県	33	36	27	29	39
京都府	4	5	4	3	3
大阪府	2	1	3	4	4
兵庫県	11	9	9	10	8
奈良県	5	11	7	7	7
和歌山県	23	38	38	21	15
鳥取県	38	24	44	34	32
島根県	45	31	45	46	34
岡山県	26	26	22	26	21
広島県	15	19	31	6	6
山口県	35	16	40	24	43
徳島県	44	45	43	39	27
香川県	28	21	26	27	20
愛媛県	41	41	39	35	35
高知県	47	46	47	36	40
福岡県	7	2	8	14	16
佐賀県	29	15	28	45	47
長崎県	20	13	20	19	26
熊本県	19	14	17	32	30
大分県	14	7	14	37	22
宮崎県	37	23	35	44	45
鹿児島県	25	17	33	28	23
沖縄県	10	8	5	11	19

（出所）国土交通省「訪日外国人消費動向調査」（2019年）から筆者作成

する宗教都市としての「朱色の世界」が現れるコントラストは大変素晴らしい。弘法大師がご入定《にゅうじょう》されている奥之院は心地良い緊張感があり、低音のハーモニーが響く読経を聞くと畏敬の念を抱かずにはいられない。

誰もが参加できる世界スポーツ大会「ワールドマスターズゲームズ2021関西」

話が関西全体の観光にまでいったので、今度は関西のスポーツツーリズムについて、新しい動きを紹介したい。それはワールドマスターズゲームズ2021関西というものだ。ワールドマスターズゲームズ（WMG）とは、30歳以上であれば誰もが参加できる国際的なスポーツの祭典だ。1985年のトロント大会を皮切りに4年ごとに世界各地で開催され、これまでに延べ17万人のスポーツ愛好家が参加している世界最大級の生涯スポーツの総合競技大会である。

そんなWMGの第10回大会が2021年に関西で開催される。なお、開催時期は当初5月であったが、新型コロナの影響で変動する可能性がある。

さて、通常のスポーツ大会はトップアスリートがしのぎを削るのが魅力であるが、WMG

はそれとは違い、参加して楽しむことに主眼が置かれている。

年代別、競技別に細かく区分されているためメダリストは1万人以上誕生する。参加者目標人数は5万人（国内3万人、国外2万人）であり、競技やイベントを通じて、たくさんの参加者や約6万人のボランティアとの交流を深めるチャンスでもある。

さらにスポーツツーリズムの祭典でもあるので、競技と併せて観光を楽しむスポーツツーリズムを推進することも大きな特徴である。競技は関西一円で開催される。オリンピックでみるような競技もあれば、綱引きのような一般の人にも馴染みのあるものもある。東京オリパラの延期で開催時期が少々動く可能性があるが、オリパラを機に注目度は高まると考えられる。

関西にはミズノやアシックスなどのスポーツメーカーが多く、彼らはＷＭＧの機運醸成にかなり力を入れている。健康長寿の観点からスポーツはとても良いことだ。全国の皆さんにも関西観光のメニューとしてスポーツを加えていただくことを期待している。

大阪から令和の地方自治を考える

ここまで大阪や関西が全国の観光に与えるインパクトについて書いてきた。しかしながら、大阪が日本に影響を与えるのは観光だけではない。地方自治の新しい形についてもである。

東京で大阪経済について講演会をしたり、メディアの方とお話しした際に多い質問が「なぜ維新の会は大阪で人気があるのか」だ。まずこの数年間、大阪に明るい話が多かった。統合型リゾート（ＩＲ）も大阪に誘致される可能性が高まっているうえ、梅田周辺の整備が進んだ。日本一の高さを誇るハルカスが天王寺に建設され、ＵＳＪには人がたくさんいるし、インバウンドも盛り上がっていた。

そして他の国が有利と言われていたのに、万博が本当に来る。百舌鳥・古市古墳群も世界遺産登録された。また、後述するが、大阪府と大阪市は仲が悪く、府と市が会うと、「府市合わせ」、つまり「ふしあわせ（不幸せ）」になると言っていたが、最近は観光行政や産業育成について部署を統合して、大阪観光局や大阪産業局ができるなど、「ふしあわせ」も終わったようにみえる。

景気も新型コロナ前までは悪くなかった。最低限、全国並みという感じである。これまで大阪は、地盤沈下に慣れきっており、全国よりも悪いというのが半ば常態化していた。確かに反維新の人は「これらは維新だけの力ではない」という。それはそのとおりで関西全体の努力だ。一方で、多くの関西人からみると、維新の果たした役割も否定できないというのが、実際はともかく一般市民レベルの感情だろう。

もう一つはビジョンがあることだ。彼らには「大阪都構想」というビジョンがある。一方で反維新は大阪都構想の問題点を指摘する。その批判は的を射ている部分も多く、現実的だ。前回のダブル選挙のときには、反維新側は「維新の暗黒政治」「大阪都構想に終止符を打つ」と声を上げた。しかし、維新側は「確かに我々は満点ではないし、改善点もあるが、実績は上げている」「これで選挙に負けると、大阪都構想が終わってしまう。なんとかしてほしい」と反論した。こうした対応が大人にみえた面は否めない。

維新が多数を占めた2019年の選挙

「大阪都構想に終止符を打つか、打たないか」は市民にとって大きな問題であった。前回の住民投票のときには、反維新側が「賛成か反対かわからない人は反対に入れてほしい。賛成に入れると大阪都構想が決まってしまう」と訴え、悩める中道派の心を揺さぶった。賛成・

反対の二分論ではなく、わからないという人々に寄り添ったのは政治の一つの在り方であり、それは評価できる。一方で、前回、わからないから反対に投票した人からみれば、終止符という言葉には違和感を覚えたに違いない。

２０１９年の選挙で、大阪府知事、大阪市長、堺市長が維新系となり、大阪府議会、大阪市議会も維新が大きく勢力を伸ばした。そういった意味で現在は維新一色なのであるが、逆に言えば、政策がうまくいっても、失敗しても全て責任は維新にある。

独裁・独占とは成功も失敗も一人で負うということだ。万博の成功だけでなく、万博後の成長の絵をみせることは、維新が永続的な政党となるために重要である。そして、２０２５年1月に大阪都構想を実現するとなったときに、大阪府市合併と万博の二つを同時並行で準備する必要がある。

万博を成功させて、大阪府市合併も円滑に進めるには非常に高いレベルでの実務遂行能力が求められる。府市合併で混乱し、万博も間に合わないとなったときにはまた政治闘争が復活して、せっかくの上昇機運がそがれてしまう。そうならないためにも、きちんとしたスケジュールを組んで、一つひとつプロセスを進めるという、地味な作業を厭わない我慢強さが求められる。

一方で、2020年の住民投票で大阪都構想が賛成多数となった場合、その後は反維新側も反大阪都構想では戦えなくなる。否決されたら否決されたで今の枠組みで大阪府市が発展するビジョンをいかに示せるかが求められている。

国政でも同じであるが、野党はなんでも反対すればよいわけではない。有権者からすれば、与党も野党も、夢があり、実現性が高いビジョンを出して、スキャンダル合戦ではなく、大阪・関西・日本をより良くする論戦をしてほしいというのが本音であろう。

そもそも大阪都構想って何？

大阪都構想というのは実は維新の専売特許ではない。古くからある議論であり、一人の政治家や政党によるものではない。もしかしたら大阪の人もそんなことを忘れてしまっているのかもしれない。さて、北村亘氏の著作『政令指定都市――百万都市から都構想へ』（中公新書）によると、大阪都構想の源流は1953年に府議会で議決された「大阪産業都構想」と言われている。なぜそのようなことが議論されたかというと、吹田市や東大阪市といった大阪の周りの衛星都市に一定の規模があり、力も強いので大阪市域の拡大が難しいこと、大阪市外の居住者が大阪市内に勤務し、大阪市から行政サービスを受けているのに、大阪市に納税しないという問題が発生したからである。

さらに先ほど申し上げた「ふしあわせ」問題もある。仲が悪いだけであればまだ良いが、府が何か作れば、市も負けずにハコモノを作るといった過剰投資がみられた。そして大阪府市ともに財政を悪化させた。こうしたなか、大阪府と大阪市の関係がこれでは良くないという意見が非常に強くなった。

また、大阪都構想が議論される背景には大阪府市の面積の小ささというのもある。私の出身地の北九州市は政令指定都市であるが、福岡県は結構大きく、北九州市のターミナル駅の小倉駅から福岡市の博多駅までは新幹線で20分近くかかるので、福岡市と北九州の合併はあまりイメージしにくい。

一方で大阪府は面積では全国で二番目に小さい。また、大阪市に住んでみるとわかるが区の面積が非常に小さい。大阪の現状の区を３つか４つ合わせると、東京の一つの区になるようなイメージである。私の経験からしても、大阪市内を30分も歩けば２つ３つの区を横切るということは珍しくない。

そうした歴史的・地理的要因のなか、維新が出した答えが「大阪都」構想であった。もちろん、必ずしも合併しなければ大阪府市の問題は解決しないわけではない。ただし、合併というのは争点としてはわかりやすいので議論が盛り上がったというのがこれまでの経緯である。そしてそれが2020年11月に住民投票にかけられる。2015年にも実施されたがそれは僅差で否決された。今回が本当に最後の勝負となろう。

「大阪都」になるとどうなるのか

全国の人からすると、大阪都構想というのはいまいちピンとこないと思う。一方で、大阪ではどうであろうか。

私がみている限り、多くの人が電車のなかや居酒屋、喫茶店などで大阪都構想について議論をしており、かなり理解が進んでいる。しかし、何回聞いてもわからないというコメントも多く聞かれる。それでは仮に住民投票で「大阪都」が合意された場合、どのようになるのか。簡単に概要を説明したい。

大阪都構想というのは、一番簡単に言えば、「大阪市を解体してそれを大阪府と合併させることで政令指定都市（以下、政令市）と都道府県を一体化させる」という構想である。そして、全国の人があまり知らないポイントであるが、政令市である堺市は含まれていない。つまり、仮に大阪都構想が実現した場合、大阪府の下に4つの特別区、政令市の堺市、大阪府下の市町村が存在するという形になる。また都構想が実現しても、府の名前を「都」に変えるには法律改正が必要であり、名称は大阪府のままとなる。

大阪都構想が実現した場合、わかりやすい変化は大阪市内の行政区の数が減ることだ。大阪市は24区ある。東京特別区（23区）と数はほぼ同じである。一方、面積をみると、大阪が約230平方キロメートルであるのに対し、東京特別区は約630平方キロメートルであり、大きな違いがある。府市統合後、区の名前は淀川区、北区、中央区、天王寺区の4つになる（図表6-3）。北区、中央区、とくれば東、南、西あたりにすればよさそうであるが、実はこれには深いわけがある。

区の名前というのは全国どこでも同じようにみえて、それぞれ思い入れが深い。そのため単純に決めることは住民感情を傷つける。そうしたなか、大阪府市の担当者の方々は、東京

図表6-3 「大阪都」の区割

区割・区の名称は次のとおりとする

淀川区
【現行政区】
此花区・港区・西淀川区・淀川区・
東淀川区

- 一人当たり自主財源額85.7千円
（平成27年度決算）
- 令和17年推計人口52.9万人
（平成27年時点59.6万人）

北区
【現行政区】
北区・都島区・福島区・東成区・旭区・
城東区・鶴見区

- 一人当たり自主財源額102.4千円
（平成27年度決算）
- 令和17年推計人口70.2万人
（平成27年時点74.9万人）

中央区
【現行政区】
中央区・西区・大正区・浪速区・
住之江区・住吉区・西成区

- 一人当たり自主財源額101.3千円
（平成27年度決算）
- 令和17年推計人口62.4万人
（平成27年時点71万人）

天王寺区
【現行政区】
天王寺区・生野区・阿倍野区・
東住吉区・平野区

- 一人当たり自主財源額88.8千円
（平成27年度決算）
- 令和17年推計人口55.4万人
（平成27年時点63.6万人）

（出所）大阪府ホームページ

特別区や政令市の名称が方角・位置、地名等、地勢等、古典・その他にちなんでつけられていることを分析した（図表6−4）。それで旧区をその分類で整理し、覚えやすさなどを考えて各区の名前を決めたものである。

区の形については、少し自然とはいえない形になっている。それは、基礎自治体として住民に必要なサービスを安定的に提供できるよう、各特別区間の財政の均衡を最大限考慮するほか、特別区間の将来の人口格差を概ね2倍以内とし、これまで築き上げてきたコミュニティや過去の合区・分区の歴史的な経緯、住民の円滑な移動や交流を確保するための鉄道網、商業集積の状況、災害対策としての防災上の視点を考慮した結果、この形に落ち着いた。

区の名前をめぐって東京と大阪のプライドが激突

区の名前では東京と大阪で互いのプライドをかけた駆け引きがあった。2020年の2月、4特別区のうち2特別区の名称が「北区」と「中央区」となることについて、東京都の北区と中央区が「混同される恐れがある」として、大阪府市に名称の再考を求めた。

図表6-4　いろいろ分析してやっと決まった区の名前

東京特別区・政令指定都市行政区の名称の由来を分析

「方角・位置」に由来	「地名等」に由来	「地勢等」に由来	「古典・その他」に由来
38.5% (85区)	**35.7%** (79区)	**17.6%** (39区)	**8.1%** (18区)

基本的な考え方を踏まえ、「方角・位置」、「地勢等」をもとに以下のとおりとする

特別区の名称	現行政区
淀川区	此花区、港区、西淀川区、淀川区、東淀川区
北区	北区、都島区、福島区、東成区、旭区、城東区、鶴見区
中央区	中央区、西区、大正区、浪速区、住之江区、住吉区、西成区
天王寺区	天王寺区、生野区、阿倍野区、東住吉区、平野区

《参考》大阪市行政区名の由来分析（一部重複あり）

方角・位置	地名等	地勢等	古典・その他
(西淀川) (東淀川)		港、(西淀川) 淀川、(東淀川)	此花
北 (東成)、(城東)	都島、福島 (東成)、鶴見	(城東)	旭
中央、西	住之江 住吉、西成	大正	浪速
(東住吉)	生野、阿倍野 (東住吉)、平野	天王寺	

（出所）大阪府ホームページ

確かに大阪都構想が実現すると、東京、大阪に「北区」「中央区」という自治体が存在する事態となる。そのため、大阪府市が東京の北区・中央区に照会したとき、東京都の北区と中央区は再考を求める文書を送付した。理由は、北区は「基礎自治体としての北区は東京だけにしかない」であり、中央区は「70年間、中央区としてやってきて、銀座などのブランドが築かれてきた。避けてほしい」というものだった。

法律的には、新しい市ができる場合の名称は、既存の市と同一または類似しないよう「十分配慮すること」という1970年の自治省の通知があるが、強制力はない。実際、同じ名称を規制する法律はない。

個人的には日本中に銀座もあれば、富士もあるので、かぶってもそれほど問題はないと思うが、それくらい区の名前というのは当事者からすれば大きな問題ということがわかる事例だ。

なぜ「構想」ではなく「抗争」が起きるのか

さて、政令市に住んだことがある人にはわかると思うが、政令市には都道府県とほぼ同じ権限があり、市が単独でいろいろな事業を進めることができる。そういう意味ではかなり自治権が高い制度だ。

もっとも、政令市の力が強い分、「ふしあわせ」のように、都道府県とは隙間風が生じやすい。政令市と都道府県が共同で作業をするということも意外と少なくない。私も多くの地方自治体の方と知り合いになり、地方公務員の優秀さはよくわかっているが、どんなに優秀であっても、政令市の職員は政令市を中心に、都道府県の職員は政令市以外の市町村を中心に考える傾向がある。そういう意味で、統合すれば、ふしあわせが解決しやすいのは一理ある。実際、最近、大阪府や大阪市の職員と会っても大阪都が実現する前提で、両者の対立はあまりみられなくなった。

今のところ、成長戦略の一本化、大阪府と大阪市の観光部局の統合による大阪観光局の創設、信用保証協会や公設試験研究機関の統合、万博とＩＲの誘致、地下鉄などの広域交通網の整備促進などが府市一体となって取り組まれている。大阪都構想実現時には、広域行政を大阪府、住民に近いサービスを特別区が行うことで二重行政をなくし、昔のような「ふしあわせ」とならないようにしたいというのが今回の構想の基本理念である（図表6–5）。

図表6-5　大阪都構想の概念図

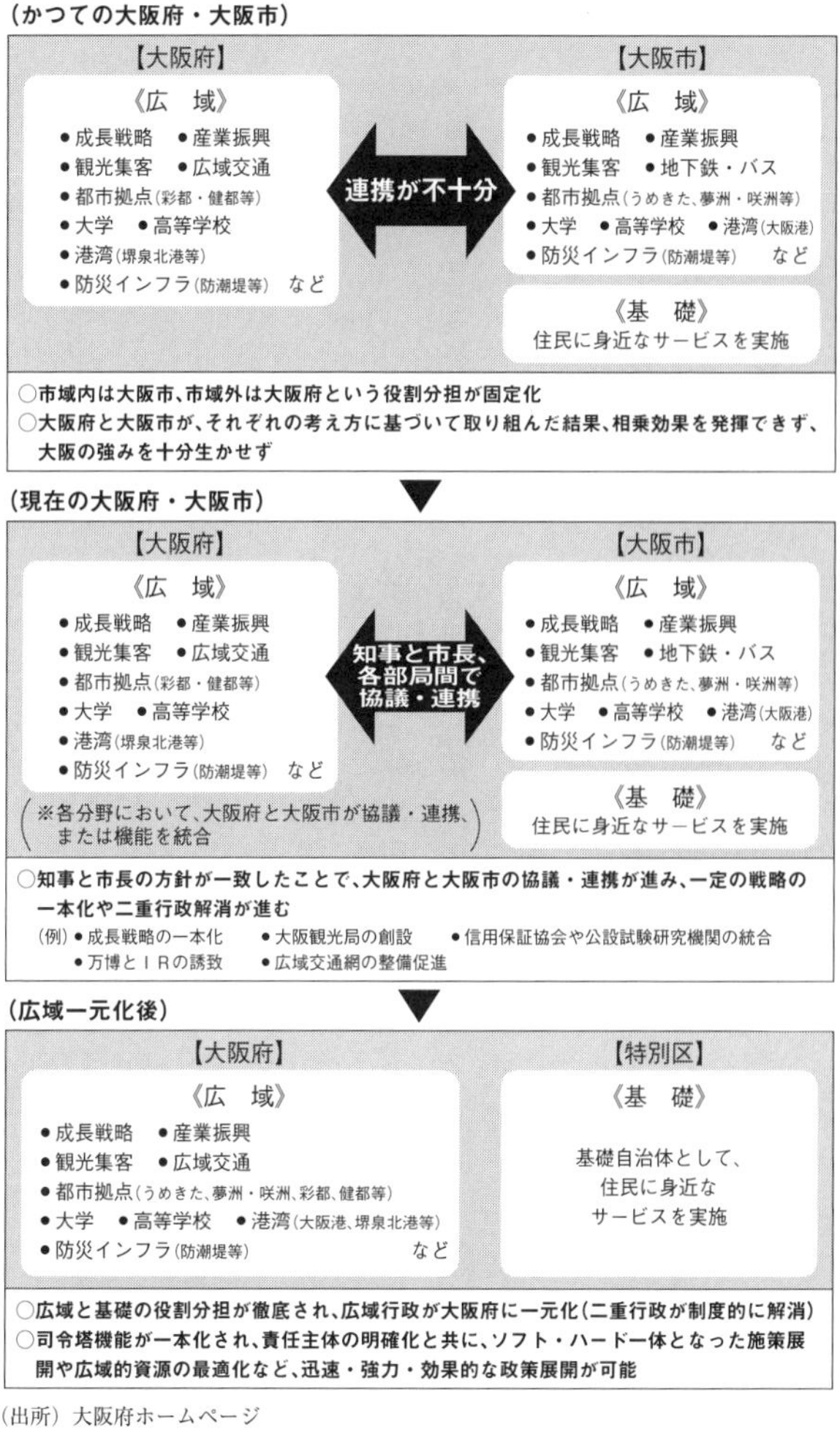
（かつての大阪府・大阪市）
【大阪府】
《広　域》
●成長戦略　●産業振興
●観光集客　●広域交通
●都市拠点（彩都・健都等）
●大学　●高等学校
●港湾（堺泉北港等）
●防災インフラ（防潮堤等）　など
連携が不十分
【大阪市】
《広　域》
●成長戦略　●産業振興
●観光集客　●地下鉄・バス
●都市拠点（うめきた、夢洲・咲洲等）
●大学　●高等学校　●港湾（大阪港）
●防災インフラ（防潮堤等）　など
《基　礎》
住民に身近なサービスを実施
○市域内は大阪市、市域外は大阪府という役割分担が固定化
○大阪府と大阪市が、それぞれの考え方に基づいて取り組んだ結果、相乗効果を発揮できず、大阪の強みを十分生かせず
（現在の大阪府・大阪市）
【大阪府】
《広　域》
●成長戦略　●産業振興
●観光集客　●広域交通
●都市拠点（彩都・健都等）
●大学　●高等学校
●港湾（堺泉北港等）
●防災インフラ（防潮堤等）　など
（※各分野において、大阪府と大阪市が協議・連携、または機能を統合）
知事と市長、各部局間で協議・連携
【大阪市】
《広　域》
●成長戦略　●産業振興
●観光集客　●地下鉄・バス
●都市拠点（うめきた、夢洲・咲洲等）
●大学　●高等学校　●港湾（大阪港）
●防災インフラ（防潮堤等）　など
《基　礎》
住民に身近なサービスを実施
○知事と市長の方針が一致したことで、大阪府と大阪市の協議・連携が進み、一定の戦略の一本化や二重行政解消が進む
（例）●成長戦略の一本化　●大阪観光局の創設　●信用保証協会や公設試験研究機関の統合
●万博とＩＲの誘致　●広域交通網の整備促進
（広域一元化後）
【大阪府】
《広　域》
●成長戦略　●産業振興
●観光集客　●広域交通
●都市拠点（うめきた、夢洲・咲洲、彩都、健都等）
●大学　●高等学校　●港湾（大阪港、堺泉北港等）
●防災インフラ（防潮堤等）　など
【特別区】
《基　礎》
基礎自治体として、
住民に身近な
サービスを実施
○広域と基礎の役割分担が徹底され、広域行政が大阪府に一元化（二重行政が制度的に解消）
○司令塔機能が一本化され、責任主体の明確化と共に、ソフト・ハード一体となった施策展開や広域的資源の最適化など、迅速・強力・効果的な政策展開が可能

（出所）大阪府ホームページ

このようにみると大阪都構想はメリットが多そうだが、反対意見も根強い。例えば、府立体育館と市立体育館が両方ある状態に対して、反維新はきめ細かい行政サービスがあるという言い方をする。非効率ときめ細かいサービスは紙一重なのだ。大阪府民というよりも大阪市民であることを誇りに思う人々も多い。大阪都「構想」をめぐって、維新と反維新で大阪都「抗争」となる。

前回の住民投票をみると会社員や最近移り住んできた人が多いところは大阪都構想に賛成、自営業者や昔からの住民が多いところは大阪都構想に反対となっている。住民サービスを受けるメリットを感じている人、政令市「大阪市」への愛着が強い人からしてみると、大阪市が解体されて、これまで身近であった区も統合されて大組織になって行政サービスが雑になるリスクを忌避する人が多いのであろう。

一方で、地域よりも会社で過ごす時間が長い人や町内会活動に参加していない人からすると、きめ細かい行政サービスや窓口の近さより、有効な成長戦略を作ってほしいといったビジョン的な話の方が好まれるところがある。そういった点が住民投票や世論調査をすると浮き彫りになるのだ。

先日、東京の方とこの状況について議論した。そのときに私は「維新側は小泉改革的な構造改革路線であり、成長を重視する。一方、反維新は安定と公平重視であって、現状が良いと考える」と説明すると周りの理解も早かった。そのような目でみると、全国の方にも大阪都「抗争」の空気がわかってもらえると思う。

大阪をみれば地方自治の10年後がわかる

それでは仮に大阪都構想が実現した場合、それが日本に与える影響はどのようなものであろうか。私は自治体の大合併や道州制の議論を再び始めるきっかけになるのではないかと考えている。

人口減少が進むなか、令和の時代も行政の統合が進む可能性が大きい。一方で、政令市と都道府県、都道府県同士の合併は行われていない。そもそも今の都道府県は人が馬で往来していた明治時代にできた区分である。交通網が発達し、ネットでいろいろなことができる時代に、今の区分では狭すぎる。また、政令市も20市とかなり多くなっており、今のままでいいとはいえないだろう。

民間企業がなぜ活性化するかといえば、M&Aがあるからである。一方で行政については都道府県レベルでは再編は起きていない。実際に「大阪都」になるかはともかく、政令市や都道府県のM&A（合併）は真剣に議論する必要があるのではないか。

また、道州制も近年議論が低調である。道州制に関係する論議の始まりは古く、第二次世界大戦前にも全国を6つの州に分けて官選の長を置くとした「州庁設置案」（1927年・行政制度審議会）などがあるので、決して最近の思いつきではない。

第二次世界大戦後も政府や地方制度調査会などが様々な答申を出したほか、経済団体などからも都道府県制度の再編を前提とした提案や意見があったが、現行都道府県制度の枠組みが見直されることはなかった。

平成に入ってからも、道州制の議論は続き、第28次地方制度調査会は2006年2月28日に「広域自治体改革のあり方の具体策としては、道州制の導入が適当と考えられる」といった答申を出した。2007年1月には、内閣に新たに設けられた道州制担当大臣のもとに、有識者会議として「道州制ビジョン懇談会」が設置され、2008年3月には中間報告が公表された。このようにみると道州制の議論は不足しているというよりは、真剣に議論を進めるきっかけが不足している状況といえそうだ。地方自治体においても、小泉改革時代の三位一体の改革で地方にある程度権限と財源が移管されて以降、道州制に関心を失ってしまっている。

こうしたなか、前述したとおり、大阪都構想はこれまでパンドラの箱であった政令市と都道府県の関係、都道府県同士の合併、最終的には道州制の議論を進めさせるきっかけとなるのは間違いないだろう。

本書執筆時点では、大阪都構想の帰趨はまだわからない。私が聞いたところでは、大阪市内にタワーマンションが増えた結果、これまでのしがらみにとらわれない有権者が増えており、大阪都構想への賛成票が増えているとの分析も聞かれる。

6月には、自民党の府議団が、広域行政の一元化や大阪市の権限や財源、人材が大阪府に移ることで、府域全体の最適化が期待できるなどの賛成意見が団内で多数を占めたことから、賛成の立場を取るなど、地殻変動が感じられる。一方で、これまでの大阪市への愛着が強い人々や、大阪都構想という実験的な取り組みを不安視する人々の間では否定的な意見も多いとのことだ。賛成・反対双方が建設的に議論して、令和の時代に相応しい地方自治の形を示してほしい。

新型コロナでみせた「大阪力」

大阪の底力は、新型コロナへの対応でも発揮された。休業要請が出された後の自粛割合が大阪は総じて全国の他地域よりも高かったのだ。様々な会社がビッグデータを使って緊急事態宣言前後での交通量を公表しているが、大阪梅田駅界隈が最大のマイナスになっている。大阪人は日頃自由にふるまうが、一大事には一致団結することがある。

一例としては2019年6月のG20サミットのときの市内交通50％削減要請をあげよう。当初はそんなことはできないという空気であったが、結局は目標を達成した。

「吉村寝ろ」という言葉も一時話題になった。新型コロナへの対応で昼夜問わずメディアやツイッターで情報発信をしていた吉村洋文知事に対して、このままでは疲労困憊で倒れてしまうことを心配した人々がネットで発した言葉だ。頑張っている人を応援する気持ちが伝わってくる。「人混み好き。夜飲むのも好き。外出するの大好き。でも今回は家にいるから、吉村知事、家で寝てて」といった内容のコメントをみたときには、知人の関西人が言い出しそうで、面白かったのと、少し懐かしい気持ちになった。

また、10万円基金も話題になった。これは大阪府が設置しているもので、新型コロナウイルス感染者の対応に当たる医療従事者らを支援するためのものだ。寄せられたお金は「応援金」として最前線で活動する人たちに配分し、軽症者を受け入れている宿泊施設の従業員も配分対象としている。

実際5月中旬から6月末までの間に第一次贈呈が行われ、120機関の3616名に約6億円が届けられた。寄附の申し込みは続いており、7月10日現在で約28億円となっている。がんばる人、助けてもらった人にきちんと感謝するのも大阪の良いところである。

さらに、5月分の府議会議員の報酬を5割削減する案が賛成多数で可決され、全国のメディアも好意的に報じている。出口戦略について、全国で一番初めに自らのモデルを示したのも大阪であった。危機レベルを独自基準で判断する「大阪モデル」は全国からかなり注目された（図表6–6）。大阪モデルとは大阪府が自粛要請の解除や再要請を判断する際の考え方だ。感染の広がりや医療現場の逼迫状況を見極めるため、感染経路不明者数や陽性率、重症患者病床使用率などを府独自の基準として設定し、一定水準を下回れば要請を段階的に解除し、また増加すれば休業要請をかけるというものだ。

出口戦略と再度警戒体制を「見える化」し、府民に協力を促すのが狙いであり、警戒状況を赤・黄・緑の信号の色で毎日公表しているものだ。大阪・関西はしばしば自らを「実験場」と称することが多いが、それを実践している。先般、警戒を呼びかける黄色が点滅したが、数値基準が明確であったので府民の不満はあまりみられなかった。

先日、大阪の友人と話をしたが、「大阪人は日頃まとまりはないけど、いざというときや納得するとちゃんとお上に協力すんねん」と言っていた。行政が出した方針に府民が納得していることが今のところ全体としてはうまくいっている印象を与えているのだろう。

確かに新型コロナの対応も全てがうまくいったわけではない。その一つの例が「雨がっぱ」であろう。２０２０年4月11日に松井市長と吉村知事は「使用していない雨がっぱがある人はぜひ連絡いただきたい」と府民らに呼びかけた。直前の医療関係者との会合で、雨がっぱが医療用ガウンの代用品になると話題になったからであった。市役所や区役所には善良な人々から「どこに届ければいいのか」などと電話が殺到し、４日間で30万枚超の雨がっぱが寄せられ募集を打ち切った。医療機関に必要枚数を聞き取ったうえ本格的な配布が始まるまではそれから1カ月かかり、２０２０年6月時点でも20万枚弱が市役所の1階ホールな

図表6−6　新型コロナでみせた大阪モデル

分析事項	モニタリング指標	府民に対する警戒の基準（黄色信号）	府民に対する非常事態の基準（赤信号）	府民に対する警戒・非常事態解除の基準（青信号）
(1)市中での感染拡大状況	①新規陽性者における感染経路不明者の7日間移動平均前週増加比	①2以上 かつ ②10人以上	−	②10人未満
	②新規陽性者における感染経路不明者数の7日間移動平均			
(2)新規陽性患者の拡大状況	③7日間合計新規陽性者数（うち後半3日間）	120人以上かつ後半3日間で半数以上		
	④直近1週間の人口10万人あたり新規陽性者数	−	−	0.5人未満
(3)病床のひっ迫状況	⑤患者受入重症病床使用率		70%以上（「警戒（黄色）」信号が点灯した日から起算して25日以内）	60%未満
【参考指標】⑥確定診断検査における陽性率の7日間移動平均		−	−	−
【参考指標】⑦新規陽性者における感染経路不明者の割合		−	−	−

（資料）大阪府ホームページをもとに筆者作成

どに残っている。

　このように、今の府知事・市長が繰り出す政策は全て成功しているわけではなく、物議を醸すことも多かった。新型コロナの大阪モデルもうまくいくかはこれからの動きをみないとわからない。しかし決断すれば行動し、間違ったときは、朝令暮改を恐れない。

一つ確実に言えることは、維新対反維新が真剣に議論した結果、大阪や関西では地方自治への関心が他の地域に比べて高くなったということだ。地域によっては県知事選挙の投票率が30％というところもあるが、大阪では選挙があれば毎回異常に盛り上がる。

有事にこそ、その地域の実力が現れる。一致団結してリーダーを支え、良いアイデアはすぐに行動する。確かに選挙のときには泥仕合になるが、G20サミット開催、万博誘致や新型コロナのような一大事にはいつものドタバタが消えて団結感が出てくる大阪は、令和の時代に羽ばたくと確信している。

新型コロナが「食い倒れの街」に与えた影響は大きい。しかし、大阪人はしぶといのだ。大阪は２０２５年万博に向けて動きを加速しはじめており、この危機を乗り越えるだろう。

持ち前の明るさで元気を発信していくことと、実験場として次の時代の日本の新しいモデルを示していくことが、大阪の日本における役割だ。

おわりに　地方創生には「路地裏の経済学」が必要

『路地裏の経済学』（新潮文庫）という本がある。私の父の本棚にあった本だ。これは日本長期信用銀行の有名エコノミストであった故・竹内宏氏が書かれたものだ。多くのエコノミストが名著と言っている。竹内氏は亡くなる直前まで「現役エコノミスト」を貫いたエコノミスト界のレジェンドだ。

竹内氏については、私は彼の著書を多く読んだが直接お会いしたことはなく、様々な方が語っているので、私からは多くは書かない。ただ、西武グループの堤義明氏に誘われてスキューバダイビングに挑戦するため、「洗面器に水を張り、息をどれだけ止めていられるか訓練している」。はたまた「小学校の幼なじみが〝清水の次郎長〟の子孫で、地元で墓を守っている」などの逸話からわかるとおり、経済だけに限らず幅広い関心があった方であったようだ。文章もうまく、竹内氏の母の思い出をつづった文章などは名文であり、会社の書庫で何度も読んで涙が出そうになったこともある。

『路地裏の経済学』は、企業経営者や消費者の生の声を聞き取って経済の方向性を分析した本である。小難しい理論ではなく、皮膚感覚でのわかりやすさから一世を風靡した。私の父は経済学部出身で中小企業の経営者だが、本棚には経済学の本はなかった。ただし、竹内氏の本はきっと仕事に生かせるものが多かったのであろう、本棚の一番いいところにあったと記憶している。

竹内氏は世界経済を鋭く語る一方で、生まれ故郷の静岡への愛も深く、静岡県立大学グローバル地域センターのセンター長を務めるなど、地域経済に貢献していた。東京に魂を売らず、地元への恩を大事にするあたり、私は非常に尊敬している。マクロのデータだけでなく、実際の経済を地に足をつけて考えていたのだろう。

さて、最近のエコノミストはどうであろうか。非常に高度な経済理論や計量経済学を駆使し、東京の快適なオフィスでのみ考え、現実から離れてしまっていないだろうか。机上の空論とは言いすぎであるが、地面の匂いがする人は減ってしまったようだ。昔はエコノミストというのは経済全般を短期から長期まで押さえ、社会や政治まで考える人が多かったと思うが、今はマーケットエコノミストなど、各分野のスペシャリストに分かれすぎているようにも思える。

エコノミストにとってデータは重要である。特にインターネットで多くの情報が得られるようになった今、データサイエンス系のエコノミストの重要性は増している。シンクタンクだけでなく、多くの企業でもエコノミストを抱え、大量のビッグデータから様々なファクトをみつけている。それはそれで素晴らしい取り組みで、かなりの示唆も頂いている。

しかし地域経済の改善にはそれだけでは力不足だ。多くの人に会い、自分の足を使って情報を集めて発信しなければ、まさに机上の空論となってしまう。

VISUAL CAPITALISTという無料情報サイトがあるが、そこで職業別新型コロナ感染危険度ランキングを出している。そして、なんとエコノミストは危険度最下位であった。その理由の一つが他人との接触数の少なさだ。これをみて安全な職業についたという喜びはない。それよりも人と会わないエコノミストが増加していることに対する寂しさの方が強くなった。今回のコロナ危機を契機にエコノミストの在り方についても議論が深まることを期待したい。

私は「机上」が苦手で、「路地裏」の方が得意だ。時代も変わって、路地裏派は流行らないかと思っていたが、大阪・関西の人々は路地裏派の話をよく聞いてくれる。

指揮者の佐渡裕氏が面白いことを言っていた。佐渡氏は師匠である故レナード・バーンスタイン氏から「じゃがいものような指揮者」と言われたらしい。この意味はどんな料理にもなれるし、子どもから大人にまで好かれるとのことらしいが、地方創生系のエコノミストにはこうした人材が必要だ。私もソーシャルディスタンス、マスク装着、消毒をきちんとしながら、引き続き路地裏派として行動したい。

多くの方々が地方再生に取り組んでいる。ただ、エコノミストだけでなく、いろいろな分野で机上派と路地裏派がくっきり分かれているのが気になる。私としては机上と路地裏の両方にバランスを取ったつもりであるが、いかがだろうか。その評価は読者の方に委ねたい。

最後になるが、日経BP日本経済新聞出版本部の雨宮百子氏と友安啓子氏には大変お世話になった。生粋の東京人である雨宮氏とは大阪・関西とは何かであるかという哲学的な問いについて時には冷静、時には情熱的に議論させていただいた。彼女の「貴重なお金と時間を割いて読んでくださる読者のことを考えて書いてください」「大阪を愛しているのであれば、東京に大阪の良さが伝わるように書いてください。それが大阪のためです」という依頼は一生忘れないだろう。

東京に転勤してからは日本総研の関西経済研究センターの若林厚仁センター長、西浦瑞穂副主任研究員、佐竹麻衣子氏からリアルな関西情報をフィードバックしてもらったほか、元日本総研理事で現在は関西経済同友会の廣瀬茂夫事務局長にも様々な面で相談に乗っていただいた。また、伊藤忠商事の的場佳子執行役員、塚田雅子氏からは最近の大阪・関西のスタートアップの状況について様々な情報を頂いた。おかげでなんとか執筆まで最新の情報を入れることができた。

また、関西在住の頃から、関西経済連合会、大阪商工会議所、京都商工会議所、神戸商工会議所、関西経済同友会、神戸経済同友会、京都経済同友会、京都工業会といった関西経済界の方々には様々な面でご指導を賜った。大阪府、大阪市、兵庫県、神戸市、京都府、京都市などの地方自治体の方からも地域活性化に向けた取り組みを紹介していただいた。

こうした方々の地元を愛する気持ちにはいつも頭が下がる気持ちである。加えて、私が所属している夢洲新産業・都市創造機構（旧夢洲新産業創造研究会）、関西近未来研究会のメンバーの方々からも多くの助言を頂いたことも紹介したい。そして、関西在住時代の多くの友人、ご近所だった城東区関目の方々から教えていただいた話がかなりのページを占めていることもお伝えしたい。今改めて、こうした方々のお名前を記して、本当に大阪・関西には素晴らしい方々がおられることを痛感している。

ロイヤルホテルの蔭山秀一社長にも感謝したい。蔭山社長が三井住友銀行副会長であり、関西経済同友会代表幹事であった際、私はそのスタッフの端にいさせていただいた。生粋の大阪人である蔭山社長からは当時から今まで様々なご指導を受けており、その経験をベースに書いたのがこの本と言ってよい。蔭山社長は常に関西を盛り上げたいとおっしゃっているが、本書がその一助となれば幸いである。

最後にもう一人の執筆者ともいえる妻の淑子のことについても触れたい。8年近い関西在住時、単身赴任ではなく、家族で一緒に住んだため、多くの経験を共有できた。この本で紹介した西成視察には淑子も参加した。

淑子は日本総研とは違う会社でエコノミストをしているが、大阪ではなぜか営業職についた時期もあり、私も生の経済情報を知ることができた。関西では家族ぐるみでお付き合いできる友人も増えた。そうした経緯もあって、本書では二人で議論した話も記述している。今回、なんとか出版できたのも淑子のサポートがあったからである。
影の執筆者でもある淑子のことを紹介して、筆をおきたい。

2020年7月

石川 智久

参考文献

『大阪の教科書　増補改訂版　大阪検定公式テキスト』橋爪紳也監修、創元社編集部編（創元社）
『アジア太平洋と関西　関西経済白書２０１９』一般社団法人アジア太平洋研究所（丸善プラネット）
『新版 京都・観光文化検定試験　公式テキストブック』森谷尅久監修、京都商工会議所編（淡交社）
『カジノの歴史と文化』佐伯英隆（中公文庫）
『叙情と闘争　辻井喬＋堤清二回顧録』辻井喬（中央公論新社）
『日本版カジノのすべて』木曽崇（日本実業出版社）
『堺屋太一が見た戦後70年　七色の日本』堺屋太一（朝日新聞出版）
『地上最大の行事　万国博覧会』堺屋太一（光文社新書）
『万博入門　新世代万博への道』平野暁臣（小学館クリエイティブビジュアル）
『大阪万博　20世紀が夢見た21世紀』平野暁臣（小学館クリエイティブビジュアル）
『にっぽん電化史４ 万博と電気』都市と電化研究会　橋爪紳也・西村陽編（日本電気協会新聞部）
『大阪万博の戦後史：ＥＸＰＯ'70から２０２５年万博へ』橋爪紳也（創元社）
『ヤバい医学部　なぜ最強学部であり続けるのか』上昌広（日本評論社）
『老～い、どん！あなたにも「ヨタヘロ期」がやってくる』樋口恵子（婦人之友社）
『経済学者日本の最貧困地域に挑む　あいりん改革　3年8カ月の全記録』鈴木亘（東洋経済新報社）
『大阪　大都市は国家を超えるか』砂原庸介（中公新書）
『政令指定都市　百万都市から都構想へ』北村亘（中公新書）
『大阪の逆襲』石川智久、多賀谷克彦、関西近未来研究会（青春新書インテリジェンス）

『路地裏の経済学』竹内宏（新潮文庫）
『大阪的「おもろいおばはん」は、こうしてつくられた』井上章一（幻冬舎新書）
『京都ぎらい』井上章一（朝日新書）
『岡本太郎の挑戦するスキー――白い世界に燃える歓び』岡本太郎（講談社）
『イノベーションのジレンマ――技術革新が巨大企業を滅すとき』クレイトン・クリステンセン（翔泳社）

石川智久　いしかわ・ともひさ

日本総合研究所マクロ経済研究センター所長。北九州市生まれ。東京大学卒。三井住友銀行を経て現職。大阪府の「万博のインパクトを活かした大阪の将来に向けたビジョン」有識者ワーキンググループ委員、兵庫県資金管理委員会委員等を歴任。日本経済新聞十字路など、メディアにも多数寄稿・出演。共著に『大阪の逆襲』（青春新書インテリジェンス）。

日経プレミアシリーズ｜436

大《おお》阪《さか》が日《に》本《ほん》を救《すく》う

二〇二〇年八月七日　一刷

著者　石川智久
発行者　白石　賢
発行　日経ＢＰ
　日本経済新聞出版本部
発売　日経ＢＰマーケティング
〒一〇五―八三〇八
東京都港区虎ノ門四―三―一二

装幀　ベターデイズ
組版　マーリンクレイン
印刷・製本　凸版印刷株式会社

ISBN 978-4-532-26436-9　Printed in Japan

日経プレミアシリーズ 065

売り方は類人猿が知っている

ルディー和子

不況に直面して購買を控える現代人は、猛獣に怯えて身をすくめるサルと同じだ。動物の「本能」を通して、人間の感情を分析すれば、消費者の行動形態もよくわかる。興味深い実験を数多く紹介しながら、不安な時代に「売るヒント」を探る、まったく新しい「消費学」の読み物。

日経プレミアシリーズ 066

不思議な経済大国 中国

室井秀太郎

市場化を進めているはずなのになくならない5カ年計画、有力企業が上場したがらない株式市場……。今やGDPが日本を超えようとしている経済大国にもかかわらず不思議な現象が絶えない中国経済。矛盾を生み出した歴史的背景を解説し、中国経済が抱える問題点を指摘する。

日経プレミアシリーズ 064

南アフリカの衝撃

平野克己

アフリカ最大の経済力を擁し、グローバル化が進む南アフリカ共和国。一方では、「犯罪天国」といわれるほど凶悪犯罪が多発し、所得格差が世界最高水準になるなど、グローバリゼーションの危険な側面が露呈している。アパルトヘイト脱却後の知られざる現実を赤裸々に描く。

日経プレミアシリーズ 035

自然と国家と人間と

野口健

「氷河湖が決壊したら私たちは死ぬしかない！」「ゴミをいくら拾っても中国や韓国から延々と漂着する」「何が何でも戦死した日本兵のご遺骨を祖国に還す」――。アルピニスト野口健が現場で見た、聞いた、感じたこと。地球の異変、自然との共生、国家への思いを語りつくす。

日経プレミアシリーズ 081

日本ラーメン秘史

大崎裕史

「『無化調』は本当に美味しいの？」「つけ麺はなぜこんなに流行ったのか」「行列店が儲かっているとは限らない？」――。自称〝日本一ラーメンを食べた〞著者が、知られざる歴史・製法から、地域性、流行の変遷、店を見極めるポイントまで、「一杯」の楽しみ方を語りつくす。

日経プレミアシリーズ 098

アメリカ人はなぜ肥るのか

猪瀬聖

重すぎて搬送できない救急患者、肥満の若者が増え、新兵確保に苦労する軍隊、太り過ぎで飛行機の搭乗を拒否されたハリウッド・セレブ――。国民の3人に2人が肥満か太り気味と診断される異常事態は、日本にとっても対岸の火事ではない。元ロサンゼルス駐在記者が、アメリカ人の信じがたい食生活と、肥満を余儀なくされる社会構造に迫る。

日経プレミアシリーズ 068

まだ老人と呼ばないで

染谷俶子

電車で席を譲られショックを受ける。年寄り扱いは嫌だが、年金は欲しい……。若い感性と自由な価値観を持つニュー高齢者とはどんな人たちなのか。日本をどう変えるのか。実りある人生をどう築くのか。老年社会学・社会福祉を研究してきた著者が、実体験と研究成果を踏まえて考える。

日経プレミアシリーズ 103

途上国化する日本

戸堂康之

日本は途上国化する瀬戸際に立っている。この閉塞感を打破し、経済を再生するには、企業や人材を劇的にグローバル化する他ない。内需拡大の必要性を訴える俗説を論破し、「輸出依存」の拡大こそが危機に対する安定性を高め、経済成長に寄与することを明らかにする、目からウロコの経済改革論。

日経プレミアシリーズ 157

「すみません」の国

榎本博明

実は迷惑なのに「遊びに来てください」と誘う、「それはいいですね」と言いつつ暗に拒否している、ホンネトークと銘打って本当のホンネは話さない……。なぜ日本人はこれほどわかりにくいのか？ 国際社会でも読み取りにくいとされる日本ならではのコミュニケーションの深層構造を心理学者が解剖する。

日経プレミアシリーズ169

京都ここだけの話

日本経済新聞 京都支社 編

舞妓さんと宴席、その相場は。一見さんお断り、突破するには。「よろしおすな」の本当の意味とは……。京都に赴任した記者が、たくさんの本を読んでも知り得なかった「とっておきの情報」を惜しげもなくお伝えします。観光や遊びはもちろん、仕事にも生活にも役立つ新しい京都指南書です。

日経プレミアシリーズ192

京都ここだけの話「あんな、実はな…」の巻

日本経済新聞 京都支社 編

ピーマン消費日本一の「なるほど！」な理由とは。なぜ適齢期の未婚率が高い。「京都ならでは」の取材の苦労とは……。京都に赴任した記者が、「とっておき情報」をお伝えする好評シリーズの第2弾！　地元の人も意外に知らない、古都の魅力と秘密と裏話を、さらに深く、面白くお伝えします。

日経プレミアシリーズ202

日本企業は何で食っていくのか

伊丹敬之

政権交代を契機に環境が好転換しつつある日本経済。だが油断してはならない、新たな成長源は、依然として明確ではないのだ！　電力生産性、ピザ型グローバリゼーション、複雑性産業など、第一級の経営学者が、日本企業が挑むべき6つの突破口を明示する。